Mitología irlandesa

Mitos, cuentos populares y leyendas apasionantes de dioses, diosas y criaturas mitológicas de la antigua Irlanda

© Copyright 2024

Todos los derechos reservados. Ninguna parte de este libro puede ser reproducida de ninguna forma sin el permiso escrito del autor. Los revisores pueden citar breves pasajes en las reseñas.

Descargo de responsabilidad: Ninguna parte de esta publicación puede ser reproducida o transmitida de ninguna forma o por ningún medio, mecánico o electrónico, incluyendo fotocopias o grabaciones, o por ningún sistema de almacenamiento y recuperación de información, o transmitida por correo electrónico sin permiso escrito del editor.

Si bien se ha hecho todo lo posible por verificar la información proporcionada en esta publicación, ni el autor ni el editor asumen responsabilidad alguna por los errores, omisiones o interpretaciones contrarias al tema aquí tratado.

Este libro es solo para fines de entretenimiento. Las opiniones expresadas son únicamente las del autor y no deben tomarse como instrucciones u órdenes de expertos. El lector es responsable de sus propias acciones.

La adhesión a todas las leyes y regulaciones aplicables, incluyendo las leyes internacionales, federales, estatales y locales que rigen la concesión de licencias profesionales, las prácticas comerciales, la publicidad y todos los demás aspectos de la realización de negocios en los EE. UU., Canadá, Reino Unido o cualquier otra jurisdicción es responsabilidad exclusiva del comprador o del lector.

Ni el autor ni el editor asumen responsabilidad alguna en nombre del comprador o lector de estos materiales. Cualquier desaire percibido de cualquier individuo u organización es puramente involuntario.

Índice

INTRODUCCIÓN 1
CAPÍTULO 1: INTRODUCCIÓN A LA MITOLOGÍA IRLANDESA 3
CAPÍTULO 2: LOS MITOS DE LA CREACIÓN 13
CAPÍTULO 3: LOS TUATHA DÉ DANANN 20
CAPÍTULO 4: LOS *SIDHE* 29
CAPÍTULO 5: LOS CUATRO CICLOS DE LA MITOLOGÍA
IRLANDESA 51
CAPÍTULO 6: LOS HIJOS DE LIR 65
CAPÍTULO 7: FIONN MAC CUMHAILL Y EL *FIANNA* 70
CAPÍTULO 8: LA MORRIGAN 74
CAPÍTULO 9: LA *BANSHEE* 79
CAPÍTULO 10: EL LEGADO DE LA MITOLOGÍA IRLANDESA 86
CONCLUSIÓN 91
VEA MÁS LIBROS ESCRITOS POR ENTHRALLING HISTORY 93
BIBLIOGRAFÍA 94
FUENTES DE IMÁGENES 96

Introducción

Al abrir este libro, probablemente se estará planteando qué sentido tiene aprender sobre los antiguos mitos irlandeses.

¿Es para entretenerse? Ciertamente, algunas de estas historias son emocionantes, dramáticas y espeluznantes. Pero hay algo más en la mitología irlandesa que los elementos de drama y emoción.

Si realmente desea conocer la cultura irlandesa, la mitología es la clave para comprenderla. La mitología es el marco intelectual utilizado por los antepasados de una cultura para dar sentido al mundo que los rodea. A medida que estas historias se transmiten oralmente de generación en generación se van cimentando en la cultura y las tradiciones del pueblo, creando una identidad nacional y alimentando los sistemas de creencias.

Los valores culturales de Irlanda no son una excepción, ya que están firmemente cimentados en la mitología irlandesa.

Cualquiera puede hojear un libro de cuentos «celtas» y extraer fragmentos para utilizarlos como parte de una historia de fantasía, ponerlos en un cómic o usarlos para un tatuaje. Hoy en día, muchos irlandeses tienen un mal sabor de boca por el uso de su identidad cultural como entretenimiento barato, pero no porque les disguste compartir su cultura y sus mitos. Más bien, los no irlandeses que utilizan elementos llamativos de la herencia irlandesa carecen de una verdadera comprensión del significado, así como de la relevancia de las palabras gaélicas y los héroes irlandeses.

Este libro pretende ofrecer a los lectores una introducción exhaustiva al contexto necesario para comprender los orígenes de la mitología irlandesa. La información que contiene ayudará a los lectores a explorar el significado de las historias y personajes más populares a lo largo de los cuatro «ciclos» de la mitología irlandesa y a tener una ventaja a la hora de investigarla desde una perspectiva cultural.

Con este conocimiento, los lectores pueden evitar utilizar los mitos irlandeses como una fuente malinterpretada y a menudo inconexa de entretenimiento fácil y, en cambio, apreciar realmente la herencia única y hermosa que los mitos y el folclore irlandeses aportan a la cultura irlandesa.

En este libro, leerá sobre los mitos de la creación de la mitología irlandesa. Aprenderá sobre los Tuatha Dé Danann, los dioses y diosas de la mitología irlandesa primitiva. Al adentrarnos en los cuatro «ciclos», conocerá las historias y los héroes más famosos que dieron forma a la cultura irlandesa. Conocerá la verdadera historia que hay detrás de los principales protagonistas de la mitología irlandesa, como la *banshee* y el hada, muy conocidos hoy en todo el mundo como figuras de dibujos animados y fantasía.

La herencia irlandesa es mucho más que un desfile del Día de San Patricio y duendes. Para comprender y apreciar realmente los cuentos fantásticos de Irlanda, deje a un lado todo lo que ha aprendido sobre los cuentos de hadas y continúe leyendo para descubrir información culturalmente relevante sobre la verdadera mitología irlandesa.

Capítulo 1: Introducción a la mitología irlandesa

«Muchas veces el hombre vive y muere
entre sus dos eternidades,
el de la raza y el del alma,
y la antigua Irlanda todo lo sabía».
«Under Ben Bulben», W. B. Yeats

Cada cultura tiene un conjunto de leyendas, cuentos y mitología que se ha transmitido de padres a hijos a lo largo del tiempo. La mitología irlandesa es quizá uno de los ejemplos más famosos y conocidos de historia compartida por la forma en que está perfectamente integrada en la cultura y el patrimonio irlandeses, tanto del pasado como del presente.

La mitología irlandesa es un bello, poético y lírico entretejido de tradiciones, mitos, cultura e historia. La cultura de los irlandeses se ha mantenido durante más de 2.000 años, primero con la tradición oral y después con las palabras transcritas por los clérigos religiosos durante los años oscuros y el periodo medieval.

Seanchaí es la palabra gaélica que designa a los cuentacuentos irlandeses. Se pronuncia «shan-a-key». Durante siglos, los *seanchaí* fueron los guardianes de la historia en Irlanda. Parecidos a los bardos, podían recitar de memoria su sabiduría, tradiciones e historias. También viajaban de pueblo en pueblo del mismo modo que los bardos, compartiendo relatos e historia allá donde iban.

La tradición oral irlandesa precristiana conservada por los *seanchaithe* se compartía en una tradición llamada *Béaloideas*. El término *béaloideas* hace referencia a todo el folclore irlandés, incluidas las baladas, la música, la danza, el arte y la narración de historias.

Los celtas

Pero, tal vez se pregunte, ¿dónde se originaron los mitos y leyendas de los celtas y los irlandeses?

Usted no es el único el que se hace esa pregunta. De hecho, no se sabe con certeza al cien por cien el origen más antiguo de estos mitos. Lo que sí sabemos es que los mitos fueron conservados para siempre por escrito gracias a monjes cristianos que mezclaron su moral y sus creencias con la magia y el misterio paganos contenidos en el folclore irlandés.

Los primeros celtas eran un grupo de agricultores, tribus y guerreros. Técnicamente, eran pueblos indoeuropeos, pero en general, podemos decir que llegaron de la región de los Alpes de Europa a Irlanda en oleadas migratorias a lo largo de un periodo tan largo como mil años.

Se desconocen las fechas exactas de su llegada, pero se cree que empezaron a llegar alrededor de la Edad de Bronce tardía a la Edad de Hierro temprana. Eso sería en algún momento entre 800 y 300 a. e. c.

Los celtas compartían una serie de valores comunes. Amaban contar historias, la religión, la belleza, la guerra y salir victoriosos de las batallas.

Los griegos y los romanos consideraban a los celtas como pueblos primitivos de clase baja, aunque respetaban la extrema valentía de los celtas en la batalla.

Ver luchar a los celtas era un espectáculo aterrador. Los celtas a menudo luchaban completamente desnudos o con pantalones de tartán de colores brillantes, cubriendo sus cuerpos con elaborados diseños pintados y engominando sus cabellos en altas espigas. Llevaban largos bigotes caídos. Antes de que comenzara la batalla, golpeaban sus espadas contra sus escudos y gritaban, intentando asustar al enemigo para que huyera y poder atacar después.

Los celtas se extendieron por Irlanda, dominando a los anteriores habitantes de la isla, y fue aquí donde nacieron los primeros mitos.

Estos celtas son conocidos históricamente como los antiguos galos precristianos, o celtas de habla goidélica o gaélica. Cuando los celtas galos llegaron a Irlanda, descubrieron misteriosas estructuras masivas de piedra. Eran los dólmenes y majanos, junto con los túmulos funerarios de tierra conocidos como *tulumi*. Los celtas creían que los túmulos funerarios eran portales al inframundo celta, que era la tierra de los dioses.

Puede que esté pensando en la famosa estructura de piedra llamada Stonehenge. Aunque Stonehenge es un ejemplo de las enormes piedras que se encuentran en las islas británicas, está situado en Inglaterra y no se considera ni un dolmen ni un mojón.

Uno de los dólmenes más famosos de Irlanda es el dolmen de Poulnabrone, un monumento neolítico situado en el actual condado de Clare, Irlanda. Consta de dos piedras de portal erguidas que sostienen una gran piedra de coronamiento horizontal plana que mide unos siete por doce pies.

Los historiadores estiman que esta tumba de pórtico se construyó entre el 4200 a. e. c. y el 2900 a. e. c., lo que la convierte en una de las estructuras megalíticas más antiguas que conserva Irlanda en la actualidad. Los arqueólogos no están seguros de cuál fue el uso completo del dolmen de Poulnabrone, pero parece que se utilizó como lugar funerario y de enterramiento. Los arqueólogos han encontrado restos humanos y piezas de cerámica en el lugar.

Imagine el asombro y la maravilla que debieron sentir los celtas cuando se toparon con estos enormes monumentos de piedra. No tenían a nadie que les explicara quién construyó las estructuras de piedra ni por qué. ¿Puede adivinar qué hicieron los celtas para responder a sus propias preguntas sobre los usos y orígenes de los dólmenes y majanos?

Sí, crearon mitos basados en las piedras. Sus creencias se mezclaron con las historias detrás de las piedras y los túmulos, iniciando una separación entre la cultura celta en general y los celtas de Irlanda.

¿Celta o irlandés?

¿Conoce la diferencia entre los irlandeses y los celtas? ¿Son lo mismo? ¿Se pueden intercambiar ambas palabras? La respuesta sencilla es tanto sí como no.

Hoy en día, celta es un término cultural asociado históricamente a todo lo galés, escocés e irlandés.

También se suele asociar a los celtas con Bretaña (Francia) y Cataluña (España). En un momento dado, los celtas se extendieron por toda Europa.

Irlanda, por su parte, es una nación que nació de la cultura celta y se desarrolló de forma independiente durante miles de años de guerra, mientras luchaba por mantener la soberanía irlandesa. El pueblo irlandés comenzó a diferenciarse notablemente de los celtas con la introducción del cristianismo en Irlanda. Hoy en día, mantienen un orgulloso patrimonio cultural lleno de tradiciones irlandesas únicas relacionadas con su herencia celta.

Es seguro decir que múltiples aspectos de los celtas y los irlandeses se solapan, pero tras años de cambios, Irlanda se ha convertido en su propia rama diferenciada de la historia celta, haciendo que los términos celta e irlandés no sean tan intercambiables como algunos pueden suponer.

Por lo tanto, cuando hablamos de mitología, podemos decir que la mitología irlandesa es una rama de la mitología celta. Comparten un origen y similitudes, pero la mitología irlandesa se ha ramificado, con su propio conjunto único de folclore. Los inicios de Irlanda están firmemente cimentados en la cultura celta, por lo que podemos obtener información sobre los celtas como base para los inicios de los irlandeses.

¿Y qué hay de los druidas? No eran un grupo separado de personas. Los druidas eran sacerdotes celtas. Se encargaban de dirigir los rituales religiosos y de pronunciar profecías, pero también eran educadores y jueces dentro de la sociedad celta.

Los celtas eran una sociedad muy moralista que distinguía el bien del mal. Tenían una visión politeísta, con múltiples dioses y diosas, pero en última instancia creían que cada individuo era responsable de su propia salvación. A diferencia del cristianismo, los celtas creían que los dioses eran sus antepasados y no sus creadores.

Los celtas creían que cuando una persona moría, renacía en el «Otro Mundo» («Otherworld»). Para que cada persona tuviera un buen comienzo en el Otro Mundo, se lo enterraba con objetos importantes como joyas, ropa, armas e incluso comida y bebida. Cuando una persona moría en el Otro Mundo, volvía a renacer en la Tierra.

Cada año, el 31 de octubre, los celtas celebran la fiesta de Samhain, también conocida como el Día de Todos los Santos o Halloween. Es el día en que el velo entre el Otro Mundo y el nuestro es más delgado. Los miembros del Otro Mundo serán visibles en este mundo ese día de cada año. Los muertos pueden volver para atormentar a los vivos que les han hecho daño en Halloween, lo que da inspiración a la celebración de Halloween que tiene lugar cada año en Estados Unidos.

Los celtas creían firmemente en las trinidades. Vivieron antes del desarrollo de la Santísima Trinidad cristiana, con la que muchos de nosotros estamos familiarizados, lo que nos lleva a preguntarnos si influyeron en la teología cristiana. Los celtas creían que cada persona estaba dividida en mente, cuerpo y espíritu. Creían que el mundo estaba formado por tierra, mar y aire.

La sociedad celta estaba organizada por tribus y unida por creencias comunes más que por un gobierno centralizado. Siguiendo el mismo patrón de trinidades, los celtas tenían tres clases. Había una clase alta guerrera, encabezada por un rey. La clase media estaba formada por los druidas, que eran los educadores, jueces y sacerdotes. Todos los demás eran plebeyos, tanto hombres libres como esclavos.

La sociedad celta no era tan patriarcal como sus homólogas griega y romana. Las mujeres eran valoradas en la sociedad, se les concedía igualdad de voto e incluso el poder de pedir el divorcio a los hombres. Los mitos y la historia celtas están llenos de poderosas mujeres, ya sean reinas, diosas y heroínas.

Los romanos

Todos conocemos el vasto y extenso Imperio romano y sus interminables conquistas históricas para apoderarse de más territorio. A medida que los romanos se extendían por Europa, acabaron con los celtas del continente europeo. Los romanos tardaron más de cuatrocientos años en combatir a las tribus celtas de Europa y ganar el territorio. En el año 390 a. e. c., los celtas de Europa consiguieron conquistar Roma. Mantuvieron su posición sobre Roma durante siete meses antes de que Roma recuperara su ciudad.

Sin embargo, los celtas conservaron un bastión permanente en Irlanda, prácticamente intacto por la dominación romana. Si los celtas hubieran sido conquistados en Irlanda, no tendríamos el hermoso folclore por el que Irlanda es tan conocida hoy en día.

¿Por qué los romanos se apoderaron de Gran Bretaña, pero evitaron la invasión de Irlanda? La respuesta a esta pregunta es sorprendentemente sencilla.

El primer obstáculo al que se enfrentaron los romanos fue el temible Atlántico Norte y el mar de Irlanda. Los océanos que rodean Irlanda son impredecibles, en el mejor de los casos, y mortales en el peor. Los romanos estaban ocupados manteniendo su posición en Britania; no tenían tiempo ni hombres para enfrentarse al mar de Irlanda. El aislamiento geográfico protegió a Irlanda y Escocia de los romanos.

Los celtas de Gran Bretaña dieron una fuerte batalla, manteniendo ocupados a los romanos y posiblemente disuadiéndolos de luchar contra los celtas irlandeses. Resulta que Irlanda no era tan valiosa para el Imperio romano. Irlanda no tenía ningún bien de exportación lucrativo y no era una gran fortaleza militar debido a la difícil navegación a través del mar de Irlanda y el Atlántico Norte.

Como resultado de estos factores, prevaleció la suerte de los irlandeses. Irlanda permaneció a salvo del dominio romano, preservando las tradiciones celtas y permitiendo el florecimiento de la cultura irlandesa.

El papel de la mitología

La mitología irlandesa desempeñó un papel importante en la antigua cultura irlandesa. Como en cualquier cultura antigua, los mitos servían para varios fines específicos. Principalmente, los mitos eran marcadores de posición para cosas que la gente no entendía. Los mitos podían ser respuestas a cualquier número de preguntas, como la causa de los relámpagos, el motivo de los terremotos o incluso una explicación para una enfermedad repentina.

Los mitos también responden a la cuestión del origen. ¿De dónde venimos? ¿Cómo hemos llegado hasta aquí? Irlanda tiene sus propias respuestas míticas a estas preguntas que trataremos en el próximo capítulo.

Los mitos que se comparten en toda una cultura construyen una identidad cultural fuerte. Cuando todo el mundo cree en las mismas historias y las comparte con sus hijos, se construye la unidad entre las regiones y se contribuye a un patrimonio nacional. Pronto, los mitos se entretejen en la vida cotidiana, convirtiéndose en una parte permanente de la cultura.

Irlanda se enfrentó a muchas guerras a lo largo de los años mientras intentaba conseguir su independencia. Los mitos prevalecieron a través de los cambios de liderazgo y de las hambrunas. Incluso sobrevivieron milagrosamente a la introducción del cristianismo en Irlanda, aunque no sin ser ligeramente alterados por los monjes al trasladarlos al texto escrito.

No se puede subestimar la forma en que los mitos contribuyeron al carácter sagrado de la tierra irlandesa. Muchos mitos irlandeses están relacionados con un lugar o punto de referencia específico. Algunos tratan de lugares sagrados, sitios de batalla o incluso de la aparición de un ser mágico a lo largo de una carretera conocida. Los irlandeses llevan su tierra cerca del corazón y la rica historia oral que hay detrás de estos mitos geográficos específicos desempeña un papel muy importante en esos sentimientos.

Los valores sociales del pueblo irlandés también prevalecían en los mitos. Enlazando con la unidad cultural, la moral que los padres enseñaban a sus hijos a través de los mitos ayudó a mantener fuerte el código moral en toda Irlanda. Los mitos y el folclore irlandeses recuerdan a la gente una forma diferente de percibir la vida. Representan la intersección entre la humanidad y lo divino, dando vida a experiencias que eran tanto históricas como medio imaginarias.

Los ciclos de la mitología irlandesa

La mitología irlandesa se divide en cuatro ciclos. Son el Ciclo mitológico, el Ciclo del Ulster, el Ciclo Feniano y el Ciclo de los Reyes. Trataremos cada ciclo en profundidad en los próximos capítulos.

Un nudo celta básico[1]

El Ciclo mitológico contiene historias extrañas y maravillosas que dan detalles sobre los dioses y los pueblos divinos que vivieron e invadieron Irlanda en la época anterior a la llegada del cristianismo. Se trata de las historias más antiguas, las historias de los orígenes, de los pueblos que habitaron Irlanda. Los Tuatha Dé Danann ocupan un lugar destacado en el Ciclo mitológico. Eran una raza sobrenatural que representaba a las principales deidades de la Irlanda gaélica precristiana.

El Ciclo del Ulster cuenta historias que tienen lugar en torno al siglo I de nuestra era, cerca de la época del nacimiento de Cristo. Estas historias son algunas de las más conocidas del folclore irlandés. En esta época, la riqueza se medía por el número de cabezas de ganado que poseía una persona (los vikingos aún no habían llevado monedas a Irlanda). Los asaltos al ganado aparecen en estas historias, ya que el ganado era un símbolo de riqueza y poder.

El *Táin Bó Cúailnge,* que ha sido descrito como la *Ilíada* irlandesa, forma parte del Ciclo del Ulster.

El Ciclo Feniano, también llamado Ciclo Ossiánico, tiene lugar antes que el Ciclo del Ulster y el Ciclo de los Reyes. Detalla principalmente historias de cazadores y héroes más que de la realeza. Algunos historiadores comparan estas historias con las de los Caballeros de la Mesa Redonda de la literatura británica.

Nuestro héroe en este ciclo es Fionn mac Cumhaill y sus guerreros, los fenianos, encargados de custodiar al rey supremo de Irlanda.

El Ciclo de los Reyes, o ciclo histórico, es el cuarto y último ciclo de la mitología irlandesa. Este ciclo detalla las historias de los reyes de la Irlanda gaélica. En estas historias, a menudo se hace referencia a la propia Irlanda como una diosa viviente. Este ciclo presenta personajes históricos reales, pero difumina las líneas entre la historia real y el mito más que cualquiera de los otros ciclos mitológicos.

En realidad, los ciclos no son divisiones nítidas. Son más bien como un nudo celta, que se enrosca y entrelaza. Muchas historias presentan personajes que se entrelazan con otras historias. Un personaje principal será un personaje secundario en otro cuento, por ejemplo. A pesar de que solo el primer ciclo recibe el nombre de Ciclo mitológico, cada ciclo se considera mitológico.

Temas

Encontrará varios temas principales que perduran a través del tiempo y la distancia a través de los mitos irlandeses. Entre ellos se incluyen la condición humana, una identidad cultural común como irlandeses y la eterna lucha entre el orden y el caos.

Los lazos familiares y la tragedia son uno de los temas recurrentes más trágicos de toda la mitología irlandesa. Una y otra vez, las relaciones entre los miembros de una familia se ponen a prueba a través de circunstancias mitológicas, a menudo con una lección moral. Por ejemplo, los efectos nocivos de los celos en una familia pueden explorarse en la famosa historia de los Hijos de Lir.

El ciclo continuo de la vida, la muerte y el renacimiento es otro motivo frecuente a tener en cuenta en los mitos irlandeses. A menudo está simbolizado por el cambio de las estaciones y la forma en que el mundo natural muere y renace continuamente. Estos mitos dan esperanza a las personas en circunstancias infelices o difíciles, recordándoles que todo se renueva con el tiempo y que no deben perder la esperanza. Verá esto representado en las fortunas en constante cambio de los Tuatha Dé Danann.

Los héroes y el viaje arquetípico del héroe son el tercer motivo que se encuentra con frecuencia en los mitos irlandeses. Cuando lea un mito por primera vez, busque un héroe que se enfrente a una prueba provocada por batallas con seres sobrenaturales. A menudo, el héroe experimentará una transformación personal a lo largo de la historia, que pretende inspirar a la gente a tener valor, superar sus luchas y considerar los desafíos como una oportunidad para aprender y crecer.

Por último, considere el tema del conflicto y la resolución en estos mitos. Cada conflicto requiere una resolución. Los mitos ofrecerán una lección sobre negociación o compromiso, y quizá aparezca un sabio mediador. Estas historias enseñan a la gente a tener cuidado con las complejidades de las relaciones y a considerar formas de practicar la resolución de conflictos y promover la paz.

William Butler Yeats, el famoso poeta, dijo una vez: «Han captado la voz misma del pueblo, el pulso mismo de la vida, dando cada uno lo que más se notó en su día». La mitología irlandesa ha capturado momentos de la cultura y la historia irlandesas y los ha congelado en el tiempo, dando a generaciones de irlandeses una cultura unida de mitos y leyendas.

Los británicos hicieron todo lo posible por acabar con la cultura irlandesa durante el último milenio, promulgando leyes contra la lengua irlandesa y la Iglesia católica. Estas duras leyes reprimían el intercambio de cuentos populares y mitos en público, lo que dificultaba a los padres la transmisión de la cultura a sus hijos.

¿Dónde nos deja eso en la sociedad moderna actual, en la que la principal forma de entretenimiento procede de la televisión o de Internet?

Parece que los días en que los bardos vagaban por Irlanda compartiendo cuentos han pasado a la historia. La gente ya no se sienta junto al hogar a compartir historias. La ciencia ha explicado muchos mitos y leyendas.

Afortunadamente, ha habido un resurgimiento de la mitología irlandesa en la cultura moderna. La gente está fascinada por las historias de antaño, por los nombres de los dioses y diosas y por la magia que encierran los relatos líricos. Se hace referencia a la mitología irlandesa en todo tipo de lugares inverosímiles: en los cómics de Marvel, en la serie *Juego de Tronos* e incluso en los cuentos de hadas modernos que rinden homenaje a los personajes mitológicos tradicionales al tiempo que crean nuevas historias para continuar con las tradiciones.

La cultura irlandesa sigue viva hoy en día. Los irlandeses están repartidos por todo el mundo, pero permanecen unidos por su amor a la tradición y las tradiciones irlandesas.

Quizá el mejor ejemplo de la tradición irlandesa que une a la diáspora de irlandeses desplazados sea la celebración mundial del Día de San Patricio. En Irlanda, el Día de San Patricio es una fiesta nacional. Hay muchos desfiles por todo el país, el principal de los cuales se celebra en Dublín. En EE. UU., el Día de San Patricio también es una fiesta nacional con múltiples desfiles. Los niños lo celebran vistiendo de verde irlandés para ir al colegio. El río Chicago también se tiñe de verde en honor a san Patricio.

En los últimos años, los monumentos internacionales también se han teñido de verde en honor a la festividad. Las pirámides de Guiza en Egipto, la estatua del Cristo Redentor en Río de Janeiro y el London Eye se tiñen de verde para el Día de San Patricio.

Como hemos mencionado antes, Halloween es otra fiesta tradicional irlandesa que se ha extendido por todo el mundo. La gente se disfraza de espíritus para protegerse. En Irlanda también se tallan nabos para Samhain, en lugar de calabazas.

Es asombroso cómo las tradiciones y el folclore de los irlandeses siguen ardiendo con fuerza en todo el mundo. Una vez que lea más sobre la mitología tradicional de Irlanda, empezará a reconocer nombres, lugares y referencias de personajes familiares en toda la cultura popular.

Capítulo 2: Los mitos de la creación

Los mitos irlandeses de la creación no comienzan con la creación del mundo entero, sino con el inicio de Irlanda.

No existe un único mito de la creación para el pueblo irlandés. En una historia de la creación relacionada con el cristianismo, Cessair, una nieta de Noé, escapó del Gran Diluvio con un pequeño grupo de personas. Por desgracia, se produce una intervención divina y todos los miembros de su grupo mueren, salvo tres personas. Otros mitos de la creación (los más conocidos son los relacionados con Partolón y Nemed) cuentan la historia de oleadas de colonos que llegaron a Irlanda y se enfrentaron a diversos desastres y calamidades.

En la historia de Dagda y la Morrigan, Dagda tuvo una unión con la Morrigan, la diosa de la muerte, en la víspera de Samhain. La Morrigan era una diosa que presidía las batallas, esperando ver la muerte. Era una seductora metamorfa que a veces adoptaba la forma de un cuervo. Los celtas comprendían que la vida y la muerte caminaban estrechamente unidas. La unión de Dagda y la Morrigan simbolizaba la vida, la muerte y el renacimiento.

En el centro de muchos mitos de la creación irlandesa se encuentran los Tuatha Dé Danann, que llegaron a las nubes trayendo conocimientos avanzados y habilidades mágicas. Sus conflictos con otros grupos étnicos de Irlanda dieron forma al paisaje irlandés.

La diosa Danu

Danu era la madre de los Tuatha Dé Danann, que en gaélico significa «pueblo de la diosa Danu», pronunciado *Thoo-a day Du-non*. Danu y su tribu de dioses eran expertos en artesanía, magia, música y poesía. Danu es conocida como la diosa madre y la más antigua de los dioses celtas. Se la asocia con los ríos y las granjas, lo que la convierte en una diosa de la fertilidad y la abundancia.

Quedan muy pocas historias de Danu. Aparece en una historia importante con Bile, el dios de la luz y la curación. Bile era un roble sagrado al que Danu alimentaba y nutría. De su unión nació Dagda, el equivalente en importancia del dios griego Zeus.

Danu también se asocia con la diosa Brigit. Algunos piensan que son la misma. Era una poderosa diosa de la tierra, maestra y guerrera, lo que la convierte en una antigua diosa triple irlandesa.

Las batallas de los dioses

Las batallas de Moytura, también conocidas como Cath Maighe Tuireadh, son un conjunto de dos importantes batallas de la mitología irlandesa.

En la primera batalla, los Tuatha Dé Danann lucharon contra los actuales habitantes de Irlanda, los Fir Bolg.

Moytura son las llanuras irlandesas donde los Tuatha Dé Danann se encontraron por primera vez con los Fir Bolg. Los Fir Bolg, junto con su rey Eochaid, se resistieron a la llegada de los Tuatha Dé Danann a Irlanda.

La épica batalla comenzó con un cara a cara entre Sreng, el campeón de Fir Bolg, y el rey Nuada de los Tuatha Dé Danann en un combate de uno contra uno. Aunque el rey Nuada perdió el brazo durante la batalla, los Tuatha Dé Danann fueron los vencedores.

A un rey celta se le exigía ser físicamente perfecto. El rey Nuada no podía gobernar a los Tuatha Dé Danann si le faltaba un brazo. Nuada abandonó el liderazgo y Bres, mitad fomoriano y mitad Tuatha Dé Danann, ocupó su lugar. Por desgracia, Bres resultó ser un líder que no gustaba a nadie, ya que era demasiado opresivo.

A continuación, ocurrió algo misterioso y milagroso. El médico Dian Cécht de los Tuatha Dé Danann fabricó un brazo biónico de plata que devolvió a Nuada la perfección física. (Tenga en cuenta que eran tiempos antiguos, mucho antes de cualquier tipo de cirugía o avance médico). ¿De dónde sacaron los irlandeses esta idea para su mito de batalla? Nadie está realmente seguro. Se decía que el brazo de plata tenía el «vigor de todas las manos en él», ¡lo que significa que tenía un rango completo de movimiento!

Nuada fue una deidad que conoció el dolor y la pérdida. Superó sus luchas para liderar a su pueblo con valor y honor. Se lo considera un héroe noble en la mitología irlandesa.

Como último hurra, la Morrigan apareció en el campo de batalla para entregar una profecía a los Tuatha Dé Danann. Predijo una segunda batalla, durante la cual se derramaría sangre.

La segunda batalla tuvo lugar en las llanuras sagradas de Mag Tuired entre los Tuatha Dé Danann y los fomorianos, que eran seres de otro mundo. Esta batalla fue más cósmica y simbólica que la primera batalla física contra los Fir Bolg. Los Tuatha Dé Danann se habían establecido como el grupo gobernante cuando fueron desafiados por los fomorianos.

La figura central de esta segunda batalla fue Lugh, una deidad con muchos talentos. Lugh era un maestro en la batalla, un artesano y tenía talento para la magia. En esta batalla, Lugh representaba la importancia de los individuos con muchas habilidades.

Los fomorianos estaban liderados por su monstruoso y aterrador rey Balor, que tenía un ojo destructor que podía matar a la gente con una simple mirada, simbolizando el caos salvaje y la destrucción.

El mito de Lugh enfrentándose a Balor en un combate uno contra uno, simboliza la batalla entre la oscuridad y la luz. En este caso, venció la luz. Balor murió cuando Lugh disparó una piedra con una honda y atravesó el poderoso ojo de Balor. Este fue un punto de inflexión en la batalla, ya que la luz triunfó sobre la oscuridad.

Los fomorianos se retiraron, perdiendo la batalla. Sin embargo, la guerra continuó, puesto que los fomorianos se comprometieron a proseguir la batalla desde las profundidades del mar.

El final de estas dos batallas dejó a los Tuatha Dé Danann como vencedores de Irlanda. Las cualidades míticas de estas dos historias nos recuerdan la naturaleza cíclica de la vida, la lucha entre la luz y la oscuridad y la batalla entre los reinos divino y mortal.

La giganta Cailleach

Si es usted de Estados Unidos, estará familiarizado con la tradición anual del Día de la Marmota. Cada año, el 2 de febrero, según cuenta el folclore, la marmota saldrá de su hibernación. Si ve su sombra del sol en lo alto, regresará a su madriguera y el invierno durará seis semanas más.

¿Qué tiene que ver la predicción de la marmota con la mitología irlandesa? La tradición fue llevada a Estados Unidos por pueblos de habla germánica (los holandeses de Pensilvania) y tenía sus raíces en la mitología celta. Aunque se ha perdido la mitología de esta tradición, continuamos la tradición en su forma más básica.

El 1 de febrero, según cuenta la leyenda celta, la giganta Cailleach, que se pronuncia /kal-lay-ah/, se quedó sin leña para el invierno. Según la tradición irlandesa, se transforma en su forma de anciana y sale a recoger leña.

Si la Cailleach desea que continúe el invierno, hará que el día sea soleado. Si la Cailleach se acuesta demasiado tarde y no comienza su búsqueda con una mañana soleada, el día será tormentoso y nublado.

Si el 1 de febrero es soleado y agradable, el invierno volverá. Si el día está nublado, el invierno terminará pronto. Este día es la fiesta conocida como Imbolc, un festival tradicional gaélico que marca el punto medio entre el solsticio de invierno y el equinoccio de primavera. Oficialmente, Imbolc marca el comienzo de la estación primaveral en Irlanda. Para los católicos irlandeses, Imbolc es también la fiesta de Santa Brígida (Fiesta de la Candelaria), la patrona de Irlanda.

¿Quién es la Cailleach? Parece bastante más misteriosa que una simple marmota, ¿verdad? La Cailleach está considerada uno de los antepasados legendarios de los celtas. Es a la vez una deidad creadora y una anciana divina con poderes extraordinarios. La vemos por primera vez en un poema del año 900 de nuestra era, en el que es una anciana que llora la pérdida de su juventud. Siguió apareciendo en la historia oral y escrita hasta el siglo XX.

En gaélico escocés e irlandés, la palabra *cailleach* significa simplemente «vieja bruja» o «anciana». La palabra original procede del término similar en gaélico antiguo, *caillech*. En gaélico antiguo, significaba «velada» y estaba relacionada con otras palabras utilizadas para describir a una mujer.

La Cailleach tiene varias formas, pero la más común es la de una anciana, a veces con un solo ojo. Siempre lleva un velo. A través del velo se puede ver su piel, teñida de azul o muy pálida como la de un cadáver. Sus dientes han sido descritos como de color rojo óxido, y su ropa como adornada con calaveras. Es poderosa, posee la capacidad de transformarse en un gran pájaro, saltar a través de las montañas y cabalgar por el aire en feroces tormentas. Su recurso más poderoso es su martillo, con el que puede controlar los truenos y el poder de las tormentas. También puede controlar un misterioso pozo, que en ocasiones puede desbordarse e inundar la tierra.

Algunos dicen que la Cailleach era la personificación del invierno; su velo representa la tierra cubierta de escarcha y nieve. La Cailleach también es conocida como Cailleach Bhéara, que significa que es la dueña de los meses de invierno. En Samhain (31 de octubre), comienzan los meses de invierno y la Cailleach vuelve al poder. Como acabamos de aprender, el 2 de febrero, la Cailleach recoge su leña y determina cuánto durará el invierno. A medida que el sol se hace más fuerte y se acerca el verano, la Cailleach se debilita. El 1 de mayo, cuando se celebra la fiesta de la fertilidad Beltane, la Cailleach se transforma en Brigit, según la tradición de algunas zonas.

En otras historias, la Cailleach transfiere su poder a Brigit. En un último esfuerzo por impedir que Brigit se haga con el poder, la Cailleach trae tormentas turbulentas a la tierra, pero el calor del sol de verano siempre vence al viento gris y frío del invierno.

Era a la vez temida y respetada por el pueblo irlandés. Sabían que ella tenía su destino en sus manos, con poder de vida o muerte mientras luchaban por superar los meses más duros del año.

¿La Cailleach es buena o mala?

Aunque aparece como una intimidante fuerza oscura de la naturaleza, la Cailleach no es del todo mala. Es conocida por su cuidado tierno y compasivo de los animales durante los largos meses de invierno. La Cailleach es la patrona de los lobos. «Diosa del grano» era otro papel importante de la Cailleach. La última vaina de grano de la cosecha se guardaba para ella y se utilizaba al año siguiente para comenzar la siembra de primavera.

Algunos dicen que la Cailleach era la personificación del poder femenino y de la autoridad sobre un reino.

Una historia cuenta cómo la Cailleach conoce al futuro rey. Parece una bruja fea, pero lo invita a mantener relaciones sexuales con ella. El rey siente repulsión, su reacción quizás sea una metáfora de sus sentimientos sobre la realeza y el hecho de convertirse en adulto. Finalmente, cede ante la vieja bruja y, después de hacer el amor, ella se transforma en una hermosa joven.

Se desconoce la edad de la Cailleach. En la mitología irlandesa, se dice que tuvo siete doncelleces, con numerosos maridos, hijos e hijos adoptivos. Sobrevivió a todos ellos y es conocida como la antepasada materna de todas las tribus irlandesas.

Según cuenta la historia, un fraile errante y su escriba se toparon con la casa del Cailleach. El fraile había oído historias sobre que la Cailleach era muy vieja. Le preguntó su edad y ella le dijo que no lo sabía, pero que todos los años hacía sopa con un buey. Cuando terminaba, siempre tiraba los huesos al desván. Tal vez, sugirió, podrían contar los huesos para averiguar su edad.

El escriba subió al desván y arrojó los huesos uno a uno. A medida que bajaban los huesos, el fraile ponía una marca en su papel por cada hueso. Pronto, el fraile se quedó sin papel y la pila de huesos era enorme. El escriba gritó desde el desván que ni siquiera había movido todos los huesos de una esquina del desván y que la Cailleach debía de ser extremadamente vieja.

Según la leyenda irlandesa, la Cailleach fue convertida en piedra.

La Cailleach Bhéara, o la Hag de Beara, tiene fuertes vínculos geográficos con regiones de Irlanda. Debido a su capacidad para formar paisajes y hacer crecer montañas, dejando caer o arrojando piedras de su manto, a menudo se la relaciona con lugares costeros y montañosos. Se la puede encontrar en Hag's Head, en los acantilados de Moher, en el condado de Clare, donde los acantilados forman una extraña formación rocosa que se asemeja a la cabeza de una mujer mirando al mar.

Sliabh na Caillí, también conocida como la montaña de la Bruja, en el condado de Meath, está salpicada de antiguos mojones. Cuando la Cailleach saltaba de colina en colina, dejaba caer piedras que formaban los mojones. Si visita hoy la zona, puede sentarse en la silla de Hag. Si pide un deseo sentado en la silla, la leyenda dice que la bruja lo hará realidad.

Se dice que el hogar de la Cailleach es la península de Beara. También se dice que este lugar es su tumba definitiva. El cuerpo fosilizado de Cailleach Bhéara domina la bahía de Coulagh, en Eyeries, mientras espera el regreso de su marido, el dios del mar Manannán mac Lir.

Capítulo 3: Los Tuatha Dé Danann

Los Fir Bolg gobernaban la antigua Irlanda, ocupándose de sus propios asuntos, cuando un día se produjo una repentina agitación en el aire. Nubes oscuras y bruma se precipitaron sobre sus cabezas, llenando el cielo. Unos extraños barcos voladores aparecieron a la vista, envueltos en las nubes oscuras, transportando a los Tuatha Dé Danann a Irlanda. Las naves aterrizaron en una montaña del condado de Leitrim. Las nubes oscuras que les siguieron eran tan espesas que bloquearon la luz del sol durante los tres días siguientes.

De los barcos descendió esta misteriosa raza de seres mágicos. Eran excepcionalmente altos y muy pálidos, con el pelo rojo o rubio y los ojos azules o verdes. Los Tuatha Dé Danann eran hermosos y mágicos. Sus orígenes parecían rodeados de misterio.

Presentamos a los Tuatha Dé Danann en el primer capítulo de este libro, pero hay bastante más que decir sobre ellos, ya que son uno de los actores clave del Ciclo mitológico de la historia de Irlanda.

¿Llegó realmente esta raza sobrenatural de seres a Irlanda en barcos voladores, cabalgando sobre las olas de niebla y bruma? Algunos juran que es cierto. A lo largo de los siglos, la gente ha llegado a especular con que los Tuatha Dé Danann eran extraterrestres. Otras leyendas dicen que llegaron en barcos normales por el océano, explicando que la niebla y las nubes oscuras se debieron a que sus barcos ardieron tras su llegada a tierra.

Pero, ¡espere! ¿De dónde salieron los Tuatha Dé Danann? No aparecieron simplemente de la bruma. Sus verdaderos orígenes han sido tan debatidos como sus métodos de desplazamiento.

El folclore nos dice que eran una raza sobrenatural que residía en lo que los irlandeses llamaban el «Otro Mundo». También se conoce como, o contiene, Tír na nÓg, un lugar donde todos tenían juventud eterna, placer, conocimiento y paz. Podían interactuar con todos los que vivían en el «mundo real».

Tír na nÓg cuenta con cuatro ciudades mágicas: Falias, Gorias, Findias y Murias.

Tír na nÓg siempre se describe vívidamente en la mitología irlandesa. Los prados son la más exuberante de las hierbas verdes. Los lagos brillan como cristal transparente. Los bosques están iluminados con un resplandor que es hermoso más allá de lo que los humanos experimentan en la Tierra. En lo alto, los pájaros cantan dulces melodías.

En Tír na nÓg todos son inmortales, incluso los pájaros. El tiempo pasa allí de forma diferente que en la Tierra. Tír na nÓg no es un lugar al que la gente va después de la muerte, sino un lugar parecido a la Tierra. Es uno de los lugares del Otro Mundo al que viajan los dioses y diosas una vez que han dejado de ser deidades.

Tír na nÓg se encuentra más allá del borde occidental del mundo. Los mortales que viven en Irlanda pueden visitar Tír na nÓg mediante invitación o emprendiendo un arduo viaje a través de los mares. A Tír na nÓg solo se puede llegar por arte de magia. A veces los visitantes entran a través de mojones en antiguos cementerios. Este hermoso Otro Mundo está gobernado por Manannán mac Lir, un miembro de los Tuatha Dé Danann del que se dice que es el dios de los muertos, el dios del mar y el primer antepasado de la raza humana.

Las visitas de los mortales a Tír na nÓg inspiraron muchas historias de la mitología y el folclore irlandeses. Estas historias se llaman *echtrai*, que se traduce como «aventuras», o *baili*, que significa «visiones».

A menudo, los héroes mortales son atraídos a Tír na nÓg por las bellas diosas. Esto simboliza el poder que los celtas otorgaban a las mujeres. En la antigua cosmovisión celta, la esencia del universo creativo era femenina. Muchas veces el héroe debía completar tareas y luego regresaba al mundo mortal, trayendo consigo un estado superior de ser.

Aunque es un mágico Otro Mundo de felicidad, Tír na nÓg también puede ser un lugar peligroso para los humanos. Las leyendas dicen que el mayor peligro es para aquellos que permanecen durante periodos de tres, como tres días, tres meses o tres años.

Oisín y Niamh

Quizá el cuento más famoso de Tír na nÓg sea el de Oisín y Niamh (pronunciado Neeve).

Niamh, que significa «brillante» o «radiante», es una impresionante diosa de los Tuatha Dé Danann de cabellos dorados. Su padre era Manannán mac Lir, y fue reina del Otro Mundo, Tír na nÓg.

Niamh se enamoró perdidamente de Oisín, el hijo de Finn, que era jefe de los infames guerreros celtas feniano de la antigua Irlanda.

Niamh tenía un hermoso caballo blanco llamado Embarr, que significa «imaginación».

Embarr podía correr y saltar sobre las olas del mar, corriendo por la superficie a gran velocidad. Simbólicamente, Embarr transitaba por la superficie del mar, mientras que la existencia, la muerte y la regeneración se encontraban en silencio en las profundidades de ella. Embarr representaba la libertad, la resistencia y el espíritu. Niamh utilizó el poder de la intención, o la imaginación, para volar a través de los mares desde Tír na nÓg hasta Irlanda. Las olas blancas y salvajes que rompen a menudo parecen caballos blancos corriendo por el agua, recordando a Niamh a los irlandeses cada vez que contemplan el océano Atlántico cubierto de blanco.

Cuando Niamh llegó entre los guerreros fenianos, descubrió a Oisín, que era a la vez guerrero y poeta. No pudo resistirse a su resplandeciente belleza y aceptó entusiasmado la invitación de montar a Embarr junto a ella. Fue transportado de buena gana a través del mar al Otro Mundo de la eterna juventud, Tír na nÓg.

Tras llegar a Tír na nÓg, Oisín pasó lo que le parecieron tres dichosos años con Niamh. Tír na nÓg era una tierra de singularidad; allí solo existían la alegría y la felicidad, sin enfermedad ni miedo. Oisín amaba Tír na nÓg, pero empezó a añorar su hogar en Irlanda, la tierra de la dualidad donde había tanto alegría como lucha. En la mente de Oisín, solo quería visitar su hogar, no abandonar Tír na nÓg permanentemente y renunciar a la tierra de la dicha singular.

Niamh comprendió su anhelo, aunque no quería dejar marchar a su amor. Le prestó Embarr a Oisín, dándole la posibilidad de viajar de vuelta a Irlanda. Solo había una advertencia. Niamh advirtió a Oisín que sus pies no debían tocar el suelo de Irlanda. Debía permanecer en Embarr. Si sus pies tocaban tierra, su vida en la Tierra lo reclamaría, y se le prohibiría regresar a Tír na nÓg para siempre.

Con esta advertencia en la mente, Oisín inició su viaje a Irlanda. Lo que Oisín no comprendía del todo era la cantidad de cambios que su alma había experimentado mientras vivía en la tierra de la luz y el amor. Había pasado a un estado superior del ser, y su alma no podía volver a su anterior estado de existencia totalmente humano.

Cuando llegó a Irlanda, le sorprendió saber que habían pasado mucho más de tres años. De hecho, en realidad habían pasado trescientos años. Sus amigos y su familia habían desaparecido. Su realidad normal había desaparecido para siempre. Permaneció a horcajadas sobre Embarr, dándole la vuelta para regresar junto a Niamh en Tír na nÓg. Justo antes de llegar al mar para empezar su viaje de regreso, se cruzó con un grupo de personas que intentaban mover una gran roca que bloqueaba la calzada.

Oisín sabía que no podía desmontar de su caballo y tocar el suelo, así que se agachó de la silla para ayudar a apartar la roca del camino. Fue entonces cuando a Oisín le ocurrió lo impensable. La correa de la silla se rompió. Cayó de la silla de montar y aterrizó en suelo irlandés. En el momento en que sus pies tocaron suelo irlandés, perdió la protección de Niamh. En un abrir y cerrar de ojos, Embarr desapareció. Oisín se transformó de un hombre fuerte y vibrante en un anciano. Desde ese momento, se le prohibió regresar a la tierra de la juventud y quedó separado para siempre de su amor Niamh en el plano humano.

Los hombres del camino se horrorizaron al ver cómo Oisín se transformaba en un anciano rápidamente ante sus ojos. Lo llevaron corriendo ante san Patricio, quien intentó consolar al hombre. Cuando Oisín supo que su padre y su pueblo, el *fianna*, habían desaparecido completamente de Irlanda, se llenó de desesperación.

Le contó a san Patricio muchas historias sobre su padre y sobre cómo habían luchado y cazado juntos. Luego le contó a san Patricio todo sobre su bella esposa de cabellos dorados, Niamh, el amor de su vida, y los años que había pasado en Tír na nÓg.

Oisín murió pocos días después, ya que era muy viejo y estaba débil. Las historias que compartió han perdurado para siempre en las leyendas irlandesas, convirtiéndose en la base de Tír na nÓg en la mitología y los cuentos populares irlandeses.

De vuelta en Tír na nÓg, Niamh esperaba a Oisín. Ella sabía en lo más profundo de su ser que Oisín había regresado a la tierra de la dualidad, a Irlanda. Poco después de que Oisín partiera de Tír na nÓg, Niamh dio a luz a su hijo, una niña a la que llamó Plur na mBan, la «flor de las mujeres». Plur na mBan se convirtió en el hada reina de Beltane, la fiesta celta celebrada el 1 de mayo, que representa la vida y la renovación.

Plur na mBan completó la familia de Niamh y Oisín, uniéndose a sus dos hijos, Finn y Oscar.

Finalmente, suspirando por su amor Oisín, Niamh viajó a la tierra en su busca. Encontró la respuesta que había conocido en lo más profundo de su corazón. Oisín se había transformado en un anciano y había muerto, desapareciendo para siempre de la Tierra, para no reunirse nunca más con Niamh.

En cierto modo, la historia de Niamh y Oisín es una historia inversa de Adán y Eva. En ningún momento Niamh tentó a Oisín, simplemente lo invitó a unirse a ella en Tír na nÓg. Los dos tortolitos abandonaron la tierra de la lucha y las alegrías por la tierra de la paz y la felicidad eternas.

Mag Tuired

Como la Tierra era un lugar de dualidad, los Tuatha Dé Danann experimentaron tanto la alegría como la lucha mientras existieron en el plano humano. Parte de esa lucha incluía la guerra, que llevaron a cabo con valentía en la llanura de Mag Tuired. Quizá recuerde la descripción de las dos famosas batallas de los Tuatha Dé Danann del capítulo anterior, la batalla de los dioses.

Los fomorianos, los adversarios de los Tuatha Dé Danann en la segunda batalla, eran gigantes, seres monstruosos y malvados que procedían de debajo de la tierra o del mar. Su batalla contra los Tuatha Dé Danann se describe como una guerra entre dioses. Su derrota permitió que la cultura irlandesa actual se extendiera por la isla a través de los Tuatha Dé Danann.

A pesar de ser enemigos, los Tuatha Dé Danann se casaron a veces con los fomorianos. Los historiadores han señalado que las incursiones vikingas en Irlanda tuvieron lugar más o menos al mismo tiempo que esta guerra entre los Tuatha Dé Danann y los fomorianos.

La derrota de los Tuatha Dé Danann

Tras derrotar a los fomorianos, la paz reinó en la zona durante más de cien años hasta que, un día, llegaron los milesianos. Se cree que los milesianos, un pueblo ibero español, llegaron a Irlanda para vengar la muerte de uno de sus famosos magos que había sido asesinado recientemente por los Tuatha Dé Danann. Los milesianos fueron los primeros galos que habitaron Irlanda.

Según cuenta la leyenda, los Tuatha Dé Danann pidieron a los milesianos que anclaran sus barcos a nueve olas de la costa durante tres días a cambio de una tregua. Los milesianos accedieron, pero los Tuatha Dé Danann crearon una feroz tormenta mágica en un intento de deshacerse de los milesianos.

Los milesianos tenían entre ellos a un poeta mágico llamado Amergin, que calmaba los mares con sus versos. Su conocido canto dice:

«Yo soy el viento que sopla sobre el mar,

soy la ola del océano,

soy el toro de siete batallas,

yo soy el águila sobre la roca...

Soy un jabalí por coraje,

soy un salmón en el agua...»

La calma de la tormenta permitió a los milesianos desembarcar. Los milesianos derrotaron entonces a los Tuatha Dé Danann en un lugar llamado Tailtiu, la actual Teltown, en el condado de Meath.

Tras la victoria de los milesianos, se pidió al poeta Amergin que dividiera Irlanda entre las dos razas. El poeta fue astuto. Burló a los Tuatha Dé Danann e hizo que su asignación de Irlanda fuera subterránea, mientras que concedió la totalidad de la tierra sobre la superficie a los milesianos.

¿Qué ocurrió después?

Este fue un importante punto de inflexión histórico para la mitología irlandesa. Fue aquí donde los Tuatha Dé Danann fueron conducidos bajo tierra por su líder, Manannán mac Lir, pasando por los *sidhe* (túmulos funerarios). Cada una de las tribus Tuatha Dé Danann recibió su propio túmulo. Allí, entraron en un plano subterráneo de existencia que formaba parte del Otro Mundo de Tír na nÓg, del que se decía que estaba lleno de flores y miel. Esta historia se cuenta en *Immram Brain*, El viaje de Bran.

Entrada al túnel de Newgrange[2]

Eso es lo que fue de los Tuatha Dé Danann.

A partir de este momento, existieron paralelamente al mundo humano, apareciendo sin cesar en el folclore irlandés. Algunos los consideran iguales que las hadas. Son asombrosamente hermosos y pueden ser buenos y amables, pero en otras ocasiones, pueden ser desagradables y crueles.

Simbolismo e influencia en la cultura irlandesa actual

Hagamos una pausa para una nota al margen antes de seguir hablando de la historia y la reputación de los *sidhe* en el folclore irlandés.

Se habrá dado cuenta de que el simbolismo de los treses está muy presente tanto en los mitos celtas como en los irlandeses. En la historia de amor de Niamh y Oisín, ¿recuerda cómo Oisín pensó que había permanecido en el Otro Mundo durante tres años, pero en realidad fueron trescientos años? Y, cuando los Tuatha Dé Danann llegaron por primera vez a Irlanda, oscurecieron el cielo con nubes durante tres días. Los símbolos del tres se pueden encontrar por todas partes en la narrativa irlandesa, si se está atento a ellos.

El simbolismo principal del número tres en los cuentos es la idea de la vida, la muerte y el renacimiento. Los celtas creían que el alma humana era indestructible, simplemente pasaba de una forma a otra. El tres también representaba la creencia celta de que el mundo estaba formado por la tierra, el agua y el cielo. La unidad familiar también estaba marcada por tres con el padre, la madre y el hijo.

Algunos de ustedes estarán pensando en la Santísima Trinidad y en la importancia del tres en el cristianismo, pero recuerden que la mitología irlandesa más antigua es anterior al cristianismo y a la llegada de los monjes cristianos a la isla. Más tarde, en el folclore irlandés, el tres también puede representar los tres mundos: la Tierra, el Cielo y el Purgatorio, lo que muestra la influencia del cristianismo.

La máxima representación del tres es el trisquel. Este sencillo símbolo muestra tres espirales fusionadas. Se remonta a tiempos tan lejanos como el Neolítico y vincula a las antiguas civilizaciones celtas, incluidos los irlandeses.

Patrón trisquel[9]

Durante miles de años, el símbolo del trisquel fue tallado en diversos objetos, en monumentos y en el arte de todas las culturas celtas, especialmente en las zonas de Irlanda, Gales, Escocia y Bretaña.

En general, la espiral pretende representar el concepto de vida, muerte y renacimiento. Las tres espirales unidas añaden el significado adicional del infinito. Cada espiral representa un elemento diferente en el ciclo sin fin. La primera espiral representa a la madre, que encarna la creación y el nacimiento. La segunda espiral es para el padre, que simboliza la vida y la existencia. La tercera espiral es para el niño, que da nuevos comienzos y la promesa de un futuro.

Las espirales muestran el flujo conductor de la energía al entrelazarse, uniendo los planos físico y espiritual. En la actualidad, las tres espirales entrelazadas también representan el vínculo continuo que el pueblo irlandés mantiene entre su pasado, presente y futuro a través de su herencia cultural.

Capítulo 4: Los *sidhe*

Todas las civilizaciones del mundo creen en algún tipo de mundo invisible poblado por espíritus. Estos espíritus están rodeados de mitos y leyendas que intentamos comprender a través de la lente de nuestro propio punto de vista y experiencias humanas limitadas.

El cristianismo cree en los ángeles, los santos católicos, los demonios y las almas de los humanos después de la muerte. Para los irlandeses, están los antiguos dioses y diosas, la gente del Otro Mundo celta y los *sidhe*, o las hadas.

La tierra de Irlanda, con su paisaje de colinas ondulantes, sombras y destellos de luz, acantilados, grandes rocas y olas rompientes, se presta a la leyenda y el folclore. Proporciona el telón de fondo perfecto para la interacción humana con los dioses y diosas y el mundo parcialmente oculto de las hadas. De hecho, los habitantes de Irlanda siempre han tenido una profunda conexión espiritual con la tierra.

La primera mención de hadas «nobles» se refería a seres que parecían altos y humanos. Eran los Tuatha Dé Danann de los que se habló en capítulos anteriores. He aquí un breve resumen de dónde dejamos su historia:

Cuando los milesianos fueron testigos de la belleza y el talento mágico de los Tuatha Dé Danann, decidieron no derrotarlos y destruir a este grupo único de seres. Según algunas versiones de la leyenda, especialmente en el De Gabáil in t-Sída («La toma del Sí»), en lugar de eso, engañaron a los Tuatha Dé Danann para que gobernaran bajo tierra, dejando el mundo de la superficie al pueblo milesiano. Otros dicen que los Tuatha Dé Danann dividieron el gobierno de la tierra en Arriba y Abajo con los milesianos voluntariamente. Sea como fuere, se dice que los Tuatha Dé Danann se adentraron bajo la tierra a través de los *sidhe*, los túmulos funerarios que salpican el paisaje de Irlanda.

Desde aquí, en lugares escondidos por toda la isla, construyeron fortalezas y palacios. Celebraban grandes fiestas, llenas de cantos y cánticos, y lamentaban haber sido desterrados de la Irlanda de arriba.

Los Tuatha Dé Danann pasaron a ser conocidos como los *sidhe*, llamados así por los túmulos funerarios que utilizaban como portales a su reino. (En gaélico, *aos sí,* o *sidhe*, significa «gente de los túmulos».) Su reino se llama Tierra del Hada (Fairyland), un Otro Mundo. En gaélico, los Otros Mundos se llaman *An Saol Eile*.

¿Todas las hadas descienden de los Tuatha Dé Danann? La respuesta parece ser que no, aunque muchas leyendas y folclore a veces lo contradicen. Los cuentos y las historias se transmitieron de boca en boca y no por escrito durante cientos de años, lo que significa que las variaciones cambiaban en función de los lugares. Muchas cosas sobre los *sidhe* permanecen envueltas en el misterio, y eso forma parte del encanto y la magia del reino de las hadas.

Los creyentes en los *sidhe* afirman que existen diferentes razas o tribus de hadas. Pueden afectar a lo que ocurre en el reino humano, aunque a menudo lo hacen en secreto para que los humanos no sean conscientes de su interferencia hasta después de los hechos.

Los *sidhe* recorren la tierra de Irlanda a través de las montañas y colinas. Se los puede encontrar en lagos, ciénagas y cuevas de todas las islas. Suelen permanecer invisibles al ojo humano. Cuando aparecen, suelen tener apariencia humana. Algunos, como los duendes, son de pequeña estatura, pero en su mayoría son de tamaño medio y a menudo de una belleza excepcional.

Aunque el nombre *sidhe* está relacionado con los antiguos túmulos funerarios, también tiene un significado en la lengua irlandesa moderna, el *gaeilge* (gaélico irlandés). El término «sí» representa tanto a los túmulos como al ser hada.

Hay varios términos que incluyen sí:

- *Bean sí* significa «mujer hada, banshee».
- *An slua sí* significa «el hada anfitriona».
- *Long sí* significa «barco fantasma».

- *Ceol sí* significa «música encantadora».
- *Solas sí* significa «luz engañosa».
- *Sí gaoithe* significa «torbellino, viento de hadas».

La tradición irlandesa dice que puede traer mala suerte o enfadar a las hadas con su falta de respeto si se refiere a ellas directamente con el término «hada». Otros términos como «fae» o «faeries» no se utilizan en Irlanda. De hecho, algunas personas llegan a extremos desesperados con descripciones largas y retorcidas para evitar referirse a los *sidhe* por su nombre.

¿Quiere conocer algunas de las descripciones alternativas más populares para hablar de las hadas sin decir realmente su nombre?

Algunos otros nombres para los *sidhe* incluyen:

- *Aes sídhe, aos sí,* o *daoine sidhe,* que significa «pueblo, o gente, de los montículos».
- *Na daoine uaisle,* que significa «el pueblo noble».
- *Na uaisle,* que indica estatus de noble o de alta alcurnia.
- *Na daoine maithe,* que significa «la buena gente».
- *An slua sí, slúagh sídhe,* que significa «la hueste o multitud de hadas».
- La gente justa
- Ellos mismos
- La otra multitud
- La gente de las colinas
- La alta burguesía

Tipos de hadas irlandesas

Las leyendas y mitos irlandeses no diferencian entre grupos de hadas como buenas o malas. Gran parte del reino de las hadas se alinea con una localidad o provincia irlandesa concreta. La leyenda dice que puede encontrarse con un hada si sigue un camino de hadas. Las hadas no serán espíritus malignos en la mayoría de los casos, pero tampoco son como las diminutas hadas del bosque inventadas por la cultura pop y los medios de comunicación occidentales.

He aquí algunos tipos de hadas irlandesas con las que podría encontrarse:

La Banshee o Bean Sidhe

«Era el lamento solitario de la banshee
conocía la voz de la muerte,
en la noche el viento navega lentamente,
sobre el sombrío y lúgubre brezal.
Por "O" o "Mac", siempre sabrá
verdaderos irlandeses dicen,
pero si les falta una "O" o una "Mac"
no son irlandeses».
— *Fairy Legends and Traditions of the South of Ireland* por T. C. Croker

Quizá la más incomprendida de las hadas sea la *banshee*.

La cultura pop ha creado una *banshee* que pertenece a una película de terror, una criatura demoníaca que grita para incitar al terror. En realidad, esto dista mucho de la realidad. La *bean sidhe*, o *banshee*, es en realidad una mujer lúgubre que se cree vinculada al linaje de ciertas familias irlandesas. Aparecerá ante una muerte, gimiendo y lamentándose por el fallecimiento de un familiar lejano. Ella está ahí para guiar a las almas a su próximo destino o asegurarse de que las personas que han hecho cosas terribles en esta vida permanezcan encadenadas al plano mortal para sufrir su penitencia.

La mayoría de las veces la *banshee* gemirá sola, pero cuando alguien importante vaya a morir, las *banshees* aparecerán juntas. Es raro ver a las *banshees* afanadas en un coro por alguien santo o grande. Cuando esto ocurre, las *banshees* viajarán en un carruaje conocido como el *cóiste bodhar*, un gran carruaje negro con un ataúd encima. Tirando del ataúd van caballos sin cabeza. La carroza es conducida por Dullahan.

Esta parte de la mitología de la *banshee* se aleja de la mujer plañidera y se dirige hacia un lugar más oscuro y aterrador. El Dullahan es la encarnación del dios celta Crom Dubh. A diferencia de la *banshee*, él sí toma almas. Es el jinete sin cabeza que vaga por la noche en busca de almas que robar.

Algunas historias dicen que está enfadado y amargado por haber perdido su propia cabeza en la batalla como soldado. Ahora vaga por el campo buscando otras almas que llevarse. Otros folclores dicen que solo está de luto por su vida y en busca de su propia cabeza.

Una cita popular coreada por los niños dice:

«Si alguna vez oye el grito de la banshee,

alguien a quien ama está a punto de morir.

Tres días después de su espantosa canción,

su amada compañera pronto se irá».

Trataremos muchos detalles e historias relacionadas con la *banshee* en un capítulo posterior de este libro.

Por ahora, dejaré que reflexione sobre este cuento popular de la *banshee*, publicado por primera vez por Jane Wilde en su libro *Ancient Legends, Mystic Charms & Superstitions of Ireland* (*Leyendas antiguas, encantos místicos y supersticiones de Irlanda*).

Había una vez un caballero que tenía una hija encantadora. Era una chica preciosa, la imagen perfecta de la salud. Era amazona y disfrutaba montando detrás de los sabuesos en cada cacería. Los hombres admiraban tanto su belleza como su habilidad como amazona.

Una noche, una vez terminada la caza, hubo un baile. La niña bailó y bailó, mientras todos murmuraban que poseía la gracia de una reina de las hadas.

Esa misma noche, mientras su padre dormía, una voz se acercó mucho a la ventana de su habitación, tanto que parecía que la persona que hablaba estaba apretada contra el cristal. El padre oyó un lamento, casi una canción.

Entonces, mientras un escalofrío recorría su cuerpo, oyó las palabras que resonaban en el aire nocturno: «¡En tres semanas la muerte; en tres semanas la tumba-muerte-muerte-muerte!».

Oyó la voz que gritaba esas palabras tres veces. Saltó de la cama y miró hacia la brillante luz de la luna, pero no vio a nadie allí.

Para su completo horror, a la mañana siguiente, su hija se despertó con fiebre. Tras tres semanas de enfermedad, la profecía de la *bean sidhe* se hizo realidad. Su encantadora hija había muerto.

La noche anterior al fallecimiento de su hija, todos oyeron una música muy suave fuera de la casa. La familia se asomó por las ventanas y vio la forma de una anciana agazapada bajo los árboles. Llevaba un manto cubriéndole la cabeza.

Salieron para ver quién era esa mujer, pero cuando se acercaron, desapareció en la niebla. Su música siguió sonando suavemente hasta que amaneció. La hija murió entonces.

La profecía de la *bean sidhe* se había hecho realidad, tal y como había dicho la misteriosa voz espiritual de la ventana del padre.

Cat Sí (gato hada) y Cú Sí (sabueso hada)

Existe cierto debate sobre si el *cat sí* es un hada de verdad o una bruja. Un cuento popular dice que el *cat sí* es una bruja que puede transformarse en gato nueve veces. A la novena vez, se quedará atrapada como gata para siempre. Este es probablemente el origen de la frase común: «Los gatos tienen nueve vidas».

Si ve un *cat sí*, parecerá mucho más grande que un gato doméstico domesticado normal. Tendrá un tamaño similar al de un perro grande, con una cola peluda muy larga que puede ser rizada. La coloración del *cat sí* es siempre oscura, oscilando entre el verde oscuro y el negro en tonalidad. A veces, se observa que el *cat sí* aparece como un gato blanco con orejas rojas, que es una coloración común del animal hada en todos los mitos celtas, no solo en Irlanda. Otros relatos, especialmente los de las Tierras Altas escocesas, dicen que el *cat sí* (o *cait síth*) es un gato negro con una mancha blanca en el pecho, similar a los gatos esmoquin comunes hoy en día en Estados Unidos.

Cú sìth, o *cú sídhe*, es la contrapartida canina del gato hada. Este sabueso vive en las hendiduras de las rocas escarpadas, especialmente en las Tierras Altas escocesas, aunque también aparece en la mitología irlandesa. Su pelaje es desgreñado y de color verde oscuro, y tiene el tamaño de una vaca pequeña. Se dice que el *cú sídhe* caza silenciosamente entre las rocas hasta que suelta tres ladridos absolutamente aterradores que son tan fuertes que pueden transmitirse durante kilómetros, atravesando la tierra hasta el mar. La leyenda dice que si no se encuentra a salvo antes de su tercer ladrido, perecerá de puro terror.

Changeling

El *changeling* es un personaje de cuento popular en muchas, muchas historias contadas por la persona media en Irlanda durante cientos de años. Estas historias son aterradoras, sobre todo porque a menudo implican que las hadas cambian a los bebés por un *changeling*, mientras que el bebé real es llevado al Otro Mundo de las hadas. Las hadas colocan un encantamiento en una criatura fea o en un trozo de madera, haciéndola parecer adorable y muy parecida al niño robado, aunque el niño puede portarse mal o dejar de crecer con normalidad. Algunos folclores dicen que pueden empezar a salirles dientes puntiagudos o incluso barba. El encantamiento engaña a la madre y al padre, haciéndoles creer que al principio no pasa nada.

En algún momento, las hadas suelen revelarse, probablemente por accidente, haciendo o diciendo algo que un bebé no sería capaz de hacer. Por lo general, esto consiste en hablar, cantar, bailar o decir algo sabio más allá de sus años. En otros casos, alguien más sabio que los padres visitará a la familia y verá al *changeling* encantado, entonces se dará cuenta de lo que ha ocurrido. Puede tratarse de una mujer sabia, un hada doctora o simplemente un vecino entrometido.

En ese momento, la familia ponía a prueba al *changeling* para ver qué era realmente. Desgraciadamente, estas pruebas eran a menudo peligrosas para un niño normal, que podría haber causado sospechas solo por actuar de forma anormal o ponerse enfermo. A veces, las pruebas incluían exponer al niño al fuego o dejarlo a la intemperie, causando un daño real a un bebé inocente.

Los siglos XIX y XX cuentan con muchas historias familiares trágicas en las que niños y jóvenes fueron acusados de ser *changeling* y lastimados por error.

A veces, las hadas robaban humanos adultos. Las mujeres recién casadas y las madres primerizas eran las favoritas de las hadas. Los jóvenes eran arrebatados y enviados al Otro Mundo para casarse con hadas en lugar de con su cónyuge humano. Si un adulto era capturado por las hadas, se dejaba un tronco, o algo similar, encantado para que pareciera la persona desaparecida. El objeto encantado enfermaría lentamente y moriría, haciendo creer a la familia que estaban llorando y enterrando a su ser querido. Todo el tiempo, el verdadero humano vivía entre las hadas.

La historia de Bridget Cleary

Al igual que las historias de niños lastimados, también hubo casos en los que adultos resultaron perjudicados al ser acusados de ser *changeling*. La historia de Bridget Cleary es muy conocida en Irlanda.

Bridget Cleary nació como Bridget Boland el 19 de febrero de 1869. Era de Ballyvadlea, en el condado de Tipperary, Irlanda. Su infancia no fue destacable; era una joven normal que trabajaba como aprendiz de modista. El 6 de agosto de 1887 se casó con Michael Cleary en una iglesia católica romana de Drangan. Ella solo lo conocía desde hacía un mes. Estuvieron casados ocho años cuando Michael notó un cambio en su mujer. Creyó que había sido raptada por las hadas y que se había convertido en una *changeling*.

A pesar de llevar ocho años casados, la pareja no tuvo hijos en común. Tras casarse, Bridget decidió volver a casa para estar con sus padres en Ballyvadlea. Michael se quedó en Clonmel, trabajando como tonelero. Bridget prosperó mientras vivieron separados. Criaba gallinas y vendía sus huevos para ganar dinero. Utilizó el dinero para comprar una máquina de coser y trabajó duro como modista y sombrerera. En un momento dado, su madre murió, dejando a Bridget al cuidado de su anciano padre. Bridget y Michael no eran obreros, pero su padre Patrick lo había sido en su juventud. Esto les calificaba para vivir en una casa de jornaleros con el anciano Patrick.

La casa más bonita del pueblo era la de un trabajador, pero estaba vacía. Nadie quería vivir allí porque había el rumor de que estaba construida sobre un fuerte de hadas.

En marzo de 1895, Bridget enfermó. El médico le había diagnosticado bronquitis el 13 de marzo, pero estaba tan enferma que llamaron a un sacerdote a la casa para que le diera la extremaunción a los pocos días. Sus amigos y familiares la visitaron, cumpliendo con las tradiciones necesarias para los últimos días de la vida de alguien. Sin embargo, el padre y el marido de Bridget se enfadaron, acusándola de ser un hada *changeling* y no simplemente la muy enferma Bridget. Arrojaron orina sobre la pobre enferma y luego la acercaron a la chimenea en un intento de expulsar al hada. Su marido quería obligar a las hadas a devolverle a su verdadera esposa.

El 19 de marzo, los amigos y familiares de Bridget oyeron rumores de que había desaparecido. Se informó de ello a la policía, que comenzó a buscarla. Se oyó a Michael decir que su mujer había sido raptada por las hadas, y celebró una vigilia por su regreso.

La policía empezó a recoger declaraciones de testigos. Finalmente, el 22 de marzo, su cuerpo calcinado fue encontrado en una fosa poco profunda. Nueve personas fueron acusadas de su desaparición y muerte, su marido incluido. El forense determinó que Bridget había muerto quemada. Tras el descubrimiento del cuerpo de Bridget, hubo un proceso judicial. Su marido y los otros ocho fueron condenados. Su marido fue acusado de homicidio involuntario y pasó quince años en prisión.

Duendes

Un duende trabajando en un zapato [4]

«Por la montaña aérea
por la cañada rústica,
no nos atrevemos a ir de caza
por miedo a los hombres pequeños».

— «The Fairies», William Allingham

Por último, hemos llegado quizás al hada más popular del mundo occidental: ¡el duende!

En Estados Unidos, el travieso duende es el personaje de dibujos animados clave de un popular cereal infantil. Se lo relaciona con la festividad de San Patricio y todos los niños saben que deja una olla de oro al final del arcoíris.

Quizá menos conocida, pero aún parte de la cultura actual, es la habilidad del duende para fabricar y remendar zapatos. También puede rellenar misteriosamente un monedero o una olla con monedas, como el característico caldero de oro. Además, puede volverse invisible, lo que le ayuda en sus travesuras.

Antes del siglo XIX, no existía un duende establecido en toda Irlanda como en la actualidad. Había variaciones regionales, como el *cluricaune* del condado de Cork, el *luricaune* de Kerry, el *lurigadaune* de Tipperary, el *leprechaun* de Leinster y el *loghery man* del Ulster.

Las distintas variaciones del duende surgieron a medida que la tradición oral se compartía entre distintas regiones y cada narrador añadía un poco de su propio toque. A veces, una parte de la historia se malinterpretaba y el cuento cambiaba a una nueva versión a medida que se repetía entre familias y amigos.

El nombre «cluricaune» procede del término *cliobar ceann,* que significa «cabeza alegre», en representación del amor de esta hada por la bebida. Según el folclore, el duende procede de *leath brogan,* que significa «mitad de un zapato». De ahí viene la idea de que es un zapatero, lo que guarda cierta similitud con los duendes de los cuentos de hadas de Grimm.

Cuando los duendes aparecieron por primera vez en historias escritas, se los llamaba *luchorpán,* que significa «pequeño cuerpo». El folclore afirmaba que los *luchorpán* eran descendientes de Ham, el hijo de Noé en la Biblia, que estaba maldito. También se decía que los gigantes fomorianos y otros monstruos eran descendientes de Cam. Es interesante que los hombrecillos verdes entraran en la misma categoría. Hoy en día, algunos historiadores piensan que esta afirmación podría haber sido un malentendido. Creen que el nombre podría ser más bien algo de la época de los romanos.

En casi todos los cuentos, el duende tenía una misión. Fue enviado a custodiar un tesoro. Las leyendas dicen que cualquiera que se le adelantara podría llevarse el tesoro. Es probable que esta historia surgiera porque a los irlandeses les encantan las buenas historias relacionadas con monedas de oro y tesoros escondidos. La historia dejó a Irlanda llena de posibles monedas de oro y tesoros que fueron escondidos por los invasores a lo largo de los años. Los vikingos, por ejemplo, escondieron oro en los monasterios.

El duende lleva un pequeño monedero en el que nunca se acabarán las monedas de oro. Cuenta la leyenda que si consigue capturar al duende, podrá coger tantas monedas como quiera de su monedero porque nunca llegará al fondo. ¡La clave está en no dejar que el duende se le escape!

El duende es muy listo. Siempre está dispuesto a engañarle. Puede cambiar su monedero sin fondo por uno normal. Puede volverse invisible y desaparecer en el momento en que usted le quita los ojos de encima.

Tim O'Donovan

Una historia habla de un hombre llamado Tim O'Donovan. Vivía en Kerry. Tim capturó a un duende en la ciénaga de su propiedad y lo obligó a revelar la ubicación del tesoro que guardaba. El duende reveló la ubicación y Tim se dio cuenta de que necesitaba marcar el lugar para poder volver más tarde con una pala y desenterrarlo.

Mirando a su alrededor, Tim encontró un palo para clavarlo en la tierra, marcando el lugar donde el duende había señalado. Apoyó su sombrero encima del palo por si acaso, planeando volver a cavar al día siguiente.

A la mañana siguiente, un Tim O'Donovan muy entusiasmado marchó de nuevo a la ciénaga, pala en mano, dispuesto a desenterrar sus riquezas. Para su consternación, se llevó una terrible sorpresa. Mirara donde mirara, hasta donde alcanzaba su vista, había cientos de palos idénticos clavados en la tierra. Cada uno tenía un sombrero idéntico al suyo apoyado en la parte superior.

Examinó detenidamente muchos palos y sombreros, pero no pudo distinguir ninguna diferencia entre ellos. No había forma de saber cuál era el sombrero y el palo originales. Al cabo de un rato, salió de la ciénega con las manos vacías y la cabeza gacha, maldiciendo al duende por engañarlo. El duende no aparecía por ninguna parte, había desaparecido en la niebla hacía horas.

Hay historias del duende, o del *luchorpán*, escritas en los relatos de los Ciclos mitológicos y del Ulster, que nos ofrecen un estudio mucho más profundo del carácter de los simples duendes embaucadores que conocemos por el folclore popular.

La olla de gachas del Ulster

La primera historia, que habla del rey Lubdan, el rey Fergus y la infame olla de gachas del Ulster, es un ejemplo de cuento con una gran visión del mundo de los duendes. La historia se puso por primera vez por escrito en 1517, pero se estima que el cuento original se originó alrededor del siglo VIII.

La historia habla de dos sociedades irlandesas muy diferentes que se temen entre sí. Los dos grupos se unen y llegan a comprenderse mutuamente. El aspecto único de esta historia es que transcurre desde el punto de vista de las hadas. Los duendes cuentan su versión de los hechos, revelando lo compleja que es su sociedad.

La historia comienza con el rey Fergus mac Léti del Ulster. El rey convocó un banquete en su fuerte. Dio la casualidad de que, en ese mismo momento, otro rey también estaba planeando una maravillosa fiesta en otro fuerte, en un reino diferente. Este segundo rey era el rey Lubdan, el rey de los duendes, también conocidos como los *wee folk* (gente pequeña). Su tierra se llamaba Faylinn.

El rey Lubdan convocó a todos sus señores, a sus príncipes y a su heredero, que se llamaba Beag, hijo de Beg. La reina Bebo también estaba en el banquete, junto con el fortachón Glower, famoso por ser el más fuerte de Faylinn. La hazaña más famosa del fortachón Glower era la capacidad de derribar un cardo con un solo golpe de su hacha.

Los invitados al banquete del rey duende Lubdan disfrutaron de grandes y jugosas patas de conejo, costillas de ratones de campo y mucho vino. El rey estaba embargado de amor por su pueblo y su reino. Quizá también estaba un poco borracho de vino, quién sabe.

El rey se levantó de la mesa y gritó:

—¿Alguien ha visto alguna vez un rey más maravilloso y asombroso que yo? ¿O un rey que posea más poder que yo?

Todos los duendecillos respondieron gritando:

—¡No, nunca!

—¿Han visto alguna vez guerreros o caballería que puedan vencer a los hombres de este festín?

—¡Nunca! —gritaron los wee folk a su rey.

—¿Y un hombre más fuerte que nuestro gigante Glower? —preguntó el rey Lubdan.

—¡Juramos que nunca lo hemos hecho! —respondieron.

Lubdan se sintió muy seguro de sí mismo y les dijo:

—Les prometo que cualquiera que intente conquistar nuestro reino luchará. Somos tan fuertes y fieros.

Fue entonces cuando, en medio de los vítores, estalló una carcajada en un rincón de la sala. El poeta jefe del rey, Eisirt, se reía tan fuerte que perdió el aliento. El rey se enfureció y exigió a Eisirt que explicara su risa. Eisirt se disculpó, y fue entonces cuando explicó algo chocante a los duendes.

—Conozco otro lugar en Irlanda donde un solo hombre podría derribar el reino de Faylinn y hacer caber a todos los comensales en una sola olla de gachas, ¡sin ni siquiera llenarla completamente!

El rey exigió que Eisirt fuera arrestado de inmediato por su falta de respeto. Mientras se lo llevaban, Eisirt pronunció una profecía. Dijo que al rey le sobrevendrían acontecimientos horribles a causa de su arresto. Eisirt le dijo al rey que él mismo iría al reino humano en Irlanda y encontraría pruebas de la raza gigante para demostrarle al rey que no mentía. El rey sintió curiosidad en este punto. Accedió a dejar libre a Eisirt, así que este comenzó su búsqueda.

Al cabo de un tiempo, Eisirt llegó a Emhain Mhacha, donde vivía el rey Fergus. Los guardias del rey se sobresaltaron cuando miraron hacia abajo y vieron a un noble minúsculo. Eisirt vestía una hermosa seda cosida en una túnica. Su capa era de un rojo brillante. Llevaba una vara de poeta, que estaba hecha de reluciente metal de bronce blanco. La vara era tan pequeña que a los guardias del rey Fergus les pareció del tamaño de una aguja. El guardia se apresuró a informar al rey de este singular visitante de su reino.

El rey Fergus no lo entendió. Le dijo al guardia de la puerta que ya tenía una personita en su corte. Se refería a un humano de pequeña estatura, no a un hada. Fergus preguntó si este visitante era más pequeño que su poeta Aedh. En efecto, Aedh también era un hombre sabio, versado en las ciencias y el poeta principal del reino.

El guardia de la puerta le dijo que sí, que este visitante era mucho más pequeño que Aedh. El guardia de la puerta le dijo al rey que, en efecto, el visitante era tan pequeño que podía sostenerse sobre la palma de la mano de Aedh. Los señores y las damas escucharon esta declaración e inmediatamente corrieron fuera para ver a Eisirt a las puertas. Quedaron fascinados por su diminuto tamaño y su encantadora vestimenta, así que lo llevaron de vuelta al interior de su salón, donde el rey estaba esperando.

El rey Fergus miró asombrado a la personita.

—¿Quién eres? —preguntó.

—Soy Eisirt, el poeta principal del reino de Faylinn, bardo y rimador de la *luchra* y el *lupracán* —respondió con orgullo Eisirt.

Eisirt era un muchachito encantador. Les contó al rey, a los señores y a las damas todas las encantadoras historias de Faylinn. Le ofrecieron regalos, pero no aceptó ninguno.

Después de permanecer tres días y tres noches con el rey, quiso regresar a casa, a Faylinn.

El poeta Aedh preguntó si podía ir con Eisirt de vuelta al reino de Faylinn. Aedh era un humano pequeño, tan pequeño que podía tumbarse sobre un guerrero y solo ocupar espacio en su pecho. Sin embargo, al lado de Eisirt era todo un gigante. Deseaba desesperadamente conocer una tierra en la que todo el mundo fuera mucho más pequeño que él.

Para llegar a Faylinn, tuvieron que viajar sobre las olas, atravesando a toda velocidad el tiempo y el espacio en la liebre de pelaje rojo de Eisirt. Este le dijo a Aedh que era el caballo de Lubdan.

Había duendes esperando en la orilla para ver a Eisirt regresando a través de las olas de vuelta al reino de las hadas y al reino de Faylinn. Cuando vieron a Aedh montado en la liebre de pelaje rojo, se llenaron tanto de asombro como de terror. Estaban seguros de que Aedh había venido a matarlos a todos, ya que seguramente era un gigante del reino humano. Eisirt se rio mientras les decía que Aedh era un poeta y un sabio del reino humano, pero que también era el hombre más pequeño del reino humano.

El rey Lubdan estaba ligeramente enfadado porque se había demostrado que Eisirt tenía razón. ¿Todo el reino de Faylinn era realmente pequeño en comparación con los demás reinos? No se había dado cuenta, y no le gustaba esta idea. Tenía en la cabeza que ahora tendría que viajar a la tierra de estos gigantes humanos para comprobarlo por sí mismo.

Eisirt lanzó un desafío guerrero al rey. Lo retó a ir al Ulster y probar las gachas reales del rey, que eran famosas en todo el reino humano. El rey Lubdan y la reina Bebo aceptaron el reto de Eisirt. Subieron a su elegante liebre cuando llegó la noche y se dirigieron a toda velocidad sobre las olas hacia la tierra de los humanos. Llegaron por la mañana temprano, mientras todo el reino dormía.

Por alguna razón (timidez tal vez, o quizá Lubdan era simplemente atrevido), decidieron colarse en el palacio en lugar de saludar a los guardias en la puerta. Lubdan se dirigió directamente a la cocina para localizar la famosa olla de gachas del Ulster.

Para consternación del pequeño rey, la olla era tan alta que no podía llegar al borde. Se puso de pie sobre su liebre y consiguió llegar hasta la parte superior de la olla. Cuando alargó la mano hacia delante, agarrando el cucharón de plata de la olla llena de gachas, resbaló, cayendo dentro. Las gachas del interior de la olla estaban frías pero espesas. Lo sujetaba con fuerza, como pegamento. No podía mover ni un músculo.

El rey Lubdan empezó a sentir pánico. Los humanos pronto se despertarían por la mañana, ¿y entonces qué? Decidió cantarle una triste canción a la reina Bebo, quien esperaba fuera de la olla, pidiéndole ayuda a gritos. En su canción, le dijo que sería una tonta si se quedaba y era capturada junto con él.

Bube se negó a abandonar al rey. Le prometió que vigilaría y esperaría a ver qué ocurría. Cuando los humanos bajaron a la cocina unos minutos después, se quedaron confusos al ver a un hombre muy pequeño atrapado en la olla de gachas, con una mujer muy pequeña llorando tristemente fuera de la olla de gachas.

Los hombres se echaron a reír e inmediatamente rescataron al pegajoso Lubdan de la olla y lo llevaron arriba para que viera al rey Fergus.

El rey Fergus se dio cuenta de que este no era el mismo duende que le había visitado unos días antes. El rey Lubdan se presentó:

—Soy el rey del pueblo *luchra*. Esta es mi esposa, la reina Bebo.

El rey estaba nervioso, pues había oído hablar de las travesuras de las hadas, así que les dijo que se llevaran a Lubdan a una habitación y lo vigilaran de cerca. Lubdan aseguró al rey que era un duende honrado. El rey decidió que podía dar a Lubdan y a Bube una bonita habitación dentro del palacio, pero no les permitió salir. Les pidió que compartieran su sabiduría y sus conocimientos sobre las hadas con los señores y las damas de su corte.

Al cabo de un tiempo, los duendes se presentaron en el palacio para exigir el regreso de su rey. Trajeron siete batallones de duendes y clamaron para que les devolvieran al rey Lubdan.

El rey Fergus, que no era de los que hacían nada por la bondad de su corazón, preguntó a los duendes qué rescate darían por su rey.

Los duendes ofrecieron cubrir los campos del rey con maíz cada año, pero el rey se burló de este débil rescate. Los duendes respondieron acosando al reino cada noche: ordeñando todas las vacas, ensuciando los pozos y destruyendo la cosecha de maíz. El rey los ignoró hasta que finalmente amenazaron con afeitar la cabeza de todos y cada uno de los habitantes del Ulster. El rey Fergus respondió asegurándoles que mataría a Lubdan si hacían algo así a su pueblo.

Lubdan llamó por la ventana a los duendes y les dijo que arreglaran todo lo que habían estropeado y se fueran a casa. Se volvió hacia Fergus y le dijo que podía elegir un tesoro mágico como rescate. Los tesoros incluían una lanza que podía luchar contra cien guerreros, una capa que nunca envejecería, un cinturón que lo mantendría sano para siempre o un caldero que podía convertir la piedra en deliciosa carne.

Para entonces, el pequeño hombre Aedh había regresado de Faylinn. Le dijo al rey que era un lugar mágico donde todas las puertas estaban hechas de oro. Había pilares de cristal y las columnas eran de plata. Le explicó al rey que los duendes eran tan pequeños que le cabían diecisiete doncellas en el pecho, y que podía esconder más en la barba. En todos los lugares que había visitado en el reino de Faylinn, lo habían aclamado como a un famoso gigante, lo que le hizo sentirse muy satisfecho. Había quedado encantado con su aventura en Faylinn.

El rey Fergus decidió que solo aceptaría los zapatos mágicos del rey Lubdan a cambio de libertad. Los zapatos permitían a su portador viajar bajo el agua, bajo los lagos y el océano. Después de eso, Lubdan y la reina Bebo fueron libres y regresaron a su reino.

Por desgracia, este don provocó la muerte prematura del rey Fergus. Los duendes le habían advertido que nunca se adentrara en Loch Ruadraige porque en su interior vivía un terrible monstruo llamado Muirdris. El rey no escuchó esta advertencia.

El monstruo surgió del lago y atacó al rey Fergus, desfigurándolo. Todos en el reino acordaron no decirle al rey que había quedado horrible. Quitaron todos los espejos del castillo y, durante siete años, el rey Fergus nunca vio su propio reflejo... hasta un fatídico día.

Una sirvienta vino a lavarle el pelo al rey, pero este estaba de un humor terrible y la golpeó con su látigo. La muchacha estaba furiosa, así que le mostró a Fergus su propio reflejo en el cuenco de agua. Se horrorizó de sí mismo e inmediatamente partió hacia el lago para matar al monstruo que había arruinado su apuesto rostro.

Utilizó su espada, Caladbolg, y mató al monstruo. Por desgracia, las heridas que recibió en la batalla eran tan graves como las del monstruo.

Mientras se proclamaba vencedor, se hundió en la orilla y murió.

Hay muchas más historias en los Ciclos mitológicos y del Ulster sobre los duendes. En muchas de esas historias, los duendes se vuelven cada vez más traviesos y actúan como embaucadores. En esta historia, sin embargo, eran simplemente curiosos y querían aprender más sobre el reino humano por primera vez.

Merrow, la sirena irlandesa

Una representación de una sirena en la catedral de Clonfert[6]

La sirena irlandesa es una forma fascinante del *sidhe*. Su nombre irlandés es *murúch* (*merrow*), que es una forma de la palabra «sirvienta del mar».

Una *merrow* tiene el aspecto de la clásica sirena que se está imaginando, con un cuerpo humano en la parte superior y una cola de pez en la inferior. Sus escamas de pez son verdes, al igual que su pelo, que siempre le gusta peinar. Su mitad superior es la de una mujer muy bella. Sin embargo, la *merrow* irlandesa es única. Cada una tiene un sombrero especial, o gorro, que debe llevar para ir entre las aguas profundas y tierra firme. El gorro se llama *cochaillín draíochta*, que se traduce como «pequeña capucha mágica».

Algunos folclores dicen que el gorro cubre todo el cuerpo de la *merrow*, mientras que en algunos cuentos de Escocia, los *merpeople* tienen escamas de pez que cubren su piel en lugar de un bonito gorro. El folclore irlandés y escocés tiene un personaje similar, el de la *selkie*, que puede mudar su piel de foca para transformarse en humana o en otra criatura.

Las sirenas pueden ser capturadas por hombres humanos, y a veces se casan con la familia humana. Si una sirena irlandesa se casa con un hombre humano, este le quitará su *cochaillín draíochta* y la esconderá para que no pueda escapar de él y regresar al reino de las hadas. Mientras le falte su *cochaillín* y habite en tierra firme, parecerá humana en su forma, perdiendo su cola.

Solo hay una cosa que delatará su verdadera condición de sirena *sidhe*. Siempre tendrá una ligera telaraña entre los dedos de las manos y los pies, y lo mismo ocurrirá con cualquier hijo que tenga con su marido humano. Anhelará siempre regresar a su hogar en el mar, y también lo hará cualquiera de sus vástagos con hombres humanos.

También hay tritones en el folclore irlandés, aunque las sirenas parecen ser de las que más hablan los hombres humanos que desean capturar una para ellos. Se dice que los tritones son criaturas horribles y feas, por lo que las sirenas a menudo acechan sobre las olas, con la esperanza de capturar a un hombre humano.

Sí, puede funcionar en ambos sentidos. Un hombre puede capturar a una sirena encantadora y llevársela a casa para casarse con ella en tierra, pero una sirena también puede atraer a un hombre apuesto bajo el mar y mantenerlo cautivo en un estado encantado en su reino.

La música *merrow*, conocida como *samguba*, es de una belleza inquietante. Viaja desde lo más profundo y oscuro del océano a cierta distancia a través del viento y las olas. A las *merrow* les encanta bailar al ritmo de su música, tanto bajo el agua como en tierra. Si un humano no tiene cuidado, puede quedar hipnotizado hasta dormirse por esta encantadora música y ahogarse.

En el famoso Libro de las invasiones, los milesianos encuentran a las sirenas como criaturas parecidas a sirenas. Otros nombres antiguos para la gente sirena incluyen *murdúchann*, donde «chann» se refiere a su canto de sirena, *samguba*, y *suire*, que se refiere a que los milesianos llamaban a la gente sirena ninfas del mar. *Muirgheilt*, que significa «errante del mar», es otro nombre para ellos. *Maighdean mhara* es el término irlandés actual para designar a la doncella del mar, o sirena.

También se pueden encontrar cuentos de sirenas en el Ciclo del Ulster; por ejemplo, hay una sirena en el cuento «El cortejo de Emer».

El *púca* o *pooka*

En Estados Unidos, es posible que haya oído hablar de un *pooka*; en Irlanda, se los conoce como *púca*. Estos miembros de los *sidhe* son de naturaleza solitaria y representan un espíritu o un fantasma. Su tribu de *sidhe* se conoce por la forma plural de la palabra, *púcaí*. Pueden traer buena o mala suerte a un humano, ya que se sabe que ayudan al viajero cansado o a veces lo llevan por el mal camino. El *púca* tiene el poder del habla humana, que utiliza tanto para el bien como para el mal.

El *púca* puede tener el pelaje verde, negro o blanco, como el sabueso hada. En los mitos irlandeses, el *púca* es un metamorfo que adopta la forma de animales como un caballo, un gato, un perro, un gallo, una cabra o una liebre. Ocasionalmente, el *púca* puede cambiar a una forma humana, pero siempre tiene restos de animal, visibles, como las orejas o la cola.

A menudo el *púca* aparece como un elegante caballo negro con luminosos ojos dorados. El *púca* atraerá a los jinetes a su lomo y luego los llevará a dar el paseo de sus vidas, zarandeándolos de un lado a otro. Por suerte, el *púca* no pretende hacer daño al jinete.

Cuenta la leyenda que solo un hombre humano ha sido capaz de montar a caballo. Ese hombre es el último rey supremo de Irlanda, Brian Boru. Utilizó tres hebras de la cola del *púca* para crear una brida mágica con la que controlar al caballo de hadas.

El día del año del *púca* es el 1 de noviembre. En este día, el papel del *púca* varía mucho según la región. En muchas zonas, al recoger lo último de la cosecha, se deja una pequeña cantidad para el *púca*, ya que es una criatura hambrienta. El *púca* habita en las montañas y colinas de Irlanda. En esas zonas montañosas, el 1 de noviembre, se dice que el *púca* aparece y da consejos, profecías y advertencias a quienes lo buscan.

Los *púcaí* han aparecido en varios libros, películas y cómics a lo largo de los años. Un personaje parecido a un *púca* del que todo el mundo habrá oído hablar es el Gato de Cheshire de *Alicia en el País de las Maravillas*. Esta pequeña criatura traviesa es la encarnación perfecta de las características que tiene un *púca* en los mitos irlandeses.

La reina de las hadas Áine

Áine, pronunciado «On-ya», es la diosa irlandesa del verano, el amor, la protección, la fertilidad, la riqueza y la soberanía. Se la conoce como *Leanan Sidhe*, que significa «corazón de las *sidhe*», y reina de las hadas. Es una de las diosas más queridas y poderosas.

Áine está estrechamente ligada a la colina de KnockÁiney, o Cnoc Áine, situada en Munster, condado de Limerick.

Áine es más conocida por dos cosas. Se la considera la que dio grano a toda Irlanda debido a una leyenda en la que se sentó en su silla de parto y dio a luz una gavilla de grano. También es muy conocida por superar la adversidad y vengarse de un hombre que cometió agravios contra ella, concretamente un hombre llamado Ailill, que resultó ser el rey de Munster.

En la época de nuestra historia, el rey Ailill se sentía muy ansioso. La hierba de sus campos no crecía bien, lo que significaba que su ganado no tendría comida. Y si el ganado no comía, entonces la gente no se alimentaría a su vez.

Ferchess el Druida le dijo al rey que visitara la colina de KnockÁiney en la víspera de Samhain para encontrar guía en el lugar encantado. Por desgracia, en lugar de resolver sus problemas, creó uno nuevo, ya que la debilidad de su espíritu humano se enfrentó a una deidad del Otro Mundo.

El rey Ailill entró en un estado aletargado, medio dormido, medio despierto, una vez que llegó a la colina de KnockÁiney. Caminaba dormido cuando tuvo una visión resplandeciente. Ante él estaba Áine, la hija de Eoghabal de los Tuatha Dé Danann. Era tan hermosa que Ailill se llenó de deseo humano. Olvidó su dignidad de rey y la atacó, violándola.

Áine estaba absolutamente furiosa con el rey por sus acciones. Inmediatamente buscó venganza, arrancando de un mordisco la oreja del rey y dejándolo mutilado para el resto de su vida.

Como recordará de historias anteriores, en la tradición celta un líder no puede gobernar si no está en perfectas condiciones físicas. ¿Recuerda al rey Nuada y el brazo que perdió en la batalla de Moytura, y cómo se lo sustituyeron por un brazo biónico para que volviera a ser perfecto y pudiera retomar su papel de rey? Cuando Áine mordió la oreja del rey, este dejó de ser perfecto y apto para ser el rey supremo de Irlanda. Esta fue la venganza perfecta.

Después de ese día, el rey Ailill fue conocido como el rey Ailill Aulom. *Aulom* significa «de una sola oreja». Nunca pudo volver a reinar sobre su reino.

Los descendientes del rey Ailill y Áine se conocieron como los Eoghanachta. Establecieron una fuerte dinastía que gobernó la mitad sur de Irlanda. Esto contribuyó a que el folclore afirmara que Áine tenía la capacidad de otorgar poder y soberanía.

Hay muchas otras historias de Áine y sus interacciones con los hombres mortales —en particular, una historia sobre Gerald, el conde de Desmond, que le robó su capa mientras ella nadaba en un río. Se negó a devolvérsela hasta que ella se casó con él. Su hijo, Gearóid Iarla, era un poderoso mago. Se cuenta que Áine prometió a Gerald que su hijo nunca lo sorprendería, pero cuando su hijo realizó un acto sobrehumano, Gerald se sorprendió. Esto liberó a Áine para que regresara al reino *sidhe*.

En la zona de la colina de KnockÁiney, la gente solía celebrar Áine prendiendo fuego a fardos de heno en pleno verano y llevándolos a la cima de la colina. Desde allí, los fardos en llamas se enviaban hacia abajo para fertilizar los campos con sus cenizas. El último registro del ritual de los fardos de paja data de 1879.

También hay varias historias que cuentan que Áine se aparecía a la gente de la zona vestida como una mendiga. Si la persona era amable con ella, ella le retribuía con bendiciones a cambio.

Los *sidhe* en la cultura popular

En la cultura moderna se suele pensar en el reino de las hadas como un lugar mágico, con flores y luz centelleante. Aunque esto es correcto para algunos aspectos del Otro Mundo, no es del todo exacto.

Campanilla (Tinkerbell) ayudó a dar forma a las ideas occidentales sobre las hadas, al igual que el personaje de Peter Pan de J.M. Barrie, que no fue representado como un hada, pero comparte muchas similitudes con los *sidhe*, como el hecho de llegar de un Otro Mundo y poseer habilidades mágicas.

La estética de las hadas (*fairycore*) es popular en las redes sociales, que las retratan como criaturas etéreas con orejas puntiagudas, alas luminosas y una fuerte conexión con la naturaleza. Lo que se deja de lado es el resto del mundo de las hadas. Criaturas como el *púca*, la sirena, el duende y la *banshee* no se entienden como parte de los *sidhe* o de las razas de hadas, como ocurre en la verdadera mitología irlandesa.

Quizás este sea otro ejemplo de apropiación de la cultura irlandesa, ya que se ha explotado y difundido en la cultura popular una idea falsa de lo que constituye un hada. El concepto comercializado del hada de orejas puntiagudas carece *por completo* del rico y entretejido tapiz del folclore y la narración oral que el pueblo irlandés atesora tan profundamente. Los *sidhe* y sus historias han sido parte integrante de la cultura irlandesa tanto en el pasado como en el presente.

Capítulo 5: Los cuatro ciclos de la mitología irlandesa

Puede sonar extraño referirse a los ciclos como una forma de organizar la mitología irlandesa, pero lo que realmente significa son períodos de la historia irlandesa y sus historias, leyendas, cuentos populares y mitos relacionados. Como se explicó en el capítulo 1, existen tres ciclos principales de la mitología irlandesa, y algunos historiadores han incluido un cuarto ciclo. De más antiguo a más reciente existe el Ciclo mitológico, el Ciclo del Ulster, el Ciclo Feniano y el Ciclo histórico.

Los antiguos y primitivos pueblos irlandeses no dividieron su folclore en estos ciclos. Los ciclos fueron creados por eruditos que pretendían organizar la mitología irlandesa en grupos diferenciados. Las fuentes de las historias de los ciclos se encuentran en tres libros principales.

Estos ciclos representan cuatro mundos separados y totalmente inmersivos del folclore irlandés. Cada uno de ellos tiene personajes distintos, pero las localizaciones y los temas se solapan en ocasiones. Si lee los relatos con atención, vislumbrará a dioses, diosas y reyes de otros ciclos que aparecen en múltiples lugares como personajes de fondo.

El Ciclo mitológico

El Ciclo mitológico es el más antiguo de los cuatro ciclos y abarca las historias fantásticas de las primeras razas y tribus que habitaron la isla de Irlanda. Incluye las historias que acabamos de comentar sobre los Tuatha Dé Danann, los Fir Bolg, los fomorianos y los milesianos. Todas estas historias tratan sobre los dioses y las diosas e implican sucesos sobrenaturales.

Estos relatos son antiguos, lo que significa que son los menos conservados de los cuatro ciclos. La base de los relatos se encuentra en las *Metrical Dindshenchas*, o «Lore of Places», y en el *Lebor Gabála Érenn*, o Libro de las invasiones. Estas historias fueron puestas por escrito por monjes irlandeses entre los siglos X y XIV.

Los «Hijos de Lir» es una de las historias más conocidas del Ciclo mitológico. Hablaremos de esa historia en profundidad en el próximo capítulo. En esta trágica historia, una madrastra está celosa de cuatro niños a los que convirtió en cisnes.

El cortejo de Étain

El cortejo de Étain es otra historia del Ciclo mitológico famosa en toda Irlanda. En esta historia, Midir, un poderoso y apuesto rey *sidhe*, se enamora perdidamente de Étain, que ya está casada con el rey supremo de Irlanda. Midir intenta cortejar a Étain, pero el rey supremo Eochaid sospecha de los avances de Midir. El rey supremo decide retar a Midir a una serie de tareas difíciles, casi imposibles. Milagrosamente, Midir consigue completar las tareas, pero, aun así, es rechazado como amante de Étain.

La esposa de Midir, Fuamnach, está absolutamente furiosa ante este acontecimiento. Envía una fuerte tormenta para azotar a la pequeña mosca, con la esperanza de erradicarla. Por desgracia para Fuamnach, Étain vuela a través de la ventana del salón de un rey mortal, donde cae directamente en la copa de la esposa de este rey. Según continúa el cuento, la hermana de Étain es la esposa del rey mortal que se traga accidentalmente a la pequeña mosca. Se queda embarazada al instante y da a luz a un precioso niño, que es Étain renacido.

Midir reconoce a Étain y vuelve a enamorarse de ella. Ahora Étain es hija de un señor mortal y, a pesar de que Midir intenta por todos los medios cortejarla, es casada con el hermano del rey supremo Eochaid, llamado Ailill.

Eochaid reconoce a su esposa Étain y se pone celoso de su hermano Ailill. Entre Midir, Ailill, Eochaid y Étain se desarrolla un amargo entramado amoroso lleno de celos. La historia está llena de dramatismo y culmina cuando Midir reta a Eochaid a una partida de *fidchell*, similar al ajedrez. Si Midir gana, se quedará con Étain por un día.

Midir gana la partida de *fidchell*, pero Étain está tan celosa que intenta intervenir por todos los medios. Midir utiliza sus poderes de hada para llevarse a Étain, llevándosela a su palacio *sidhe*.

Eochaid está desesperado por recuperar Étain, así que recluta la ayuda de hechiceros y druidas. Esto prepara el escenario para un enfrentamiento épico entre los reinos de los mortales y de las hadas.

Étain clama por la paz, pero Eochaid y Midir no pueden contenerse. Étain se transforma en un cisne, que luego vuela lejos, fuera del alcance de los *sidhe* o de cualquier hombre mortal.

En un final alternativo del cuento, cuando Midir y Étain se abrazan, ambos se transforman en cisnes y vuelan juntos.

El nombre Étain en gaélico significa «celos». Esta historia sirve para recordar al pueblo irlandés cómo las rencillas por celos pueden destrozar familias y vecinos, sin que nadie gane al final, especialmente la persona celosa.

El sueño de Aengus

El dios irlandés de la juventud y el amor es conocido como Aengus. Su nombre significa el «elegido» porque *aon* significa «uno» y *gus* «elección». Todas sus historias en el Ciclo mitológico tienen que ver con el amor y la pasión.

El Dagda, el dios padre de los Tuatha Dé Danann, era el propio padre de Aengus. Debido a hechizos mágicos, Aengus fue concebido y nació el mismo día.

Aengus tenía talento musical, tocando su arpa mágica que creaba un intenso deseo y atracción en todo aquel que la oía. Se dice que los pájaros revoloteando representaban los besos de Aengus, y se podían ver cuatro pajaritos siempre volando alrededor de su cabeza. Algunos dicen que esos pájaros llevaban mensajes de amor para Aengus.

Vivía en un estado de perpetua juventud, como un hombre en la flor de su joven vida, cuando se enamoró de una hermosa hada *sidhe* a la que no podía encontrar y solo veía en sus sueños.

La historia de Aengus y su único y verdadero amor, Caer Ibormeith, la diosa del sueño y los sueños, es la siguiente:

Aengus estaba tumbado en su cama, durmiendo profundamente una noche, cuando de repente vio una visión que parecía ser la mujer más bella de Eriu acercándose a la cabecera de su cama. Alargó la mano hacia ella y trató de cogerla para atraerla hacia sí, pero desapareció. ¿Quién se la había llevado de sus brazos? Pasó toda la noche tumbado en la cama, pensando en la visión que había tenido. El estrés de pensar en ello lo hizo enfermar. No pudo comer en todo el día.

El tiempo pasó, y pronto había transcurrido un año entero con esta mujer visitándolo cada noche en la cama, pero sin hablarle nunca. A veces, ella le tocaba hermosa música en el *timpán*. Se había enamorado perdidamente de ella.

A estas alturas, Aengus estaba bastante enfermo, ya que apenas tenía apetito, pero nadie podía averiguar qué le pasaba. Todavía no le había contado a nadie lo de la aparición nocturna. El médico del pueblo no podía decir qué le pasaba a Aengus, así que el médico de Cond, Fergne, vino a examinarlo. Este médico podía decir con solo mirar la cara de un hombre qué enfermedad tenía; incluso podía decir cuántas personas estaban enfermas dentro de una casa, basándose en el tipo de humo que salía de su chimenea.

Fergne habló en voz baja con Aengus en el exterior. Le preguntó a Aengus si se había puesto enfermo de amor.

«Sí», confesó Aengus. Explicó que la chica que veía en su dormitorio era la más hermosa que había visto en su vida.

Fergne le dijo a Aengus que mandaría llamar a su madre Boann para que hablara con el enamorado. (Su madre Boann era la diosa que da nombre al río Boyne).

Cuando Boann llegó, Fergne le explicó lo que aquejaba a su hijo. Le dijo a Boann que atendiera a Aengus y que buscara en Eriu hasta encontrar a la dama que su hijo había visto.

Boann llevó a cabo la búsqueda de esta mujer durante un año entero, pero nunca la encontró. Pidió que volviera Fergne. Cuando llegó, Boann le dijo que no había ayuda para su hijo; no podían encontrar a esta mujer.

Fergne le dijo que mandara llamar al padre del hombre, el Dagda. Cuando el Dagda llegó a Eriu, estaba molesto por haber sido convocado. Le preguntó a Boann por qué lo habían llamado, y ella le dijo que tenía que ayudar a su hijo. El Dagda se sintió frustrado, diciendo que no tenía más información que Boann.

El Dagda era rey de los *sidhe* de Eriu. Boann quería que el Dagda pidiera al rey Bodb, rey del *sidhe* de Mumu, que buscara a esta mujer en su parte del *sidhe*. La familia fue a visitar al rey Bodb, que felizmente prometió buscar a la mujer en su reino durante un año para que pudieran estar seguros de si se encontraba allí.

Al cabo de un año llegó el grupo de búsqueda de Bodb y le dijeron que habían encontrado a la muchacha en Loch Bél Dracon, en Cruitt Cliach. Se enviaron mensajeros al Dagda, solicitando inmediatamente que Aengus regresara con ellos para que lo llevaran a conocer a la muchacha y confirmar que efectivamente era la chica de sus sueños.

Aengus cabalgó en un carro hasta Séd ar Femuin, el hogar del rey Bodb. Aengus junto con los señores y damas del rey festejaron allí durante tres días y tres noches. Entonces, Bodb preguntó a Aengus si estaba preparado para ir a ver a la muchacha. El rey Bodb le dijo a Aengus que podía conocer a la muchacha, pero que el rey no tenía poder para entregársela.

Viajaron hasta que llegaron a un gran lago. En el lago había 150 muchachas. Aengus vio a su muchacha entre ellas. Las otras muchachas solo le llegaban a la altura de los hombros. Llevaba un collar de plata y su cadena del pelo era de oro.

El rey le dijo a Aengus que no podía hacer más para ayudarle. La muchacha era Cáer Ibormeith, hija de Ethal Anbúail, de Síd Uamuin, en la provincia de Connachta.

Aengus y el rey Bodb regresaron a la casa de Aengus en Eriu. Dieron la noticia a Boann y al Dagda. Aengus estaba destrozado por no ser capaz de llegar hasta la muchacha. Bodb sugirió que el Dagda se pusiera en contacto con Ailill y Maeve, ya que eran el rey y la reina de la tierra donde vivía la niña.

El Dagda así lo hizo, llevando consigo tres veintenas de carros. El rey y la reina se alegraron de verlo y pasaron una semana entera disfrutando de un banquete con él en la sala de banquetes. Durante la semana de banquetes, el Dagda explicó al rey Ailill por qué había venido. Le dijo al Dagda que su hijo se había enamorado de una muchacha del reino y que ahora estaba enfermo de amor y suspiraba por ella.

El rey y la reina dijeron al Dagda que no tenían poder para entregar la muchacha a Aengus. Le dijeron al Dagda que convocara al rey de los *sidhe*. Mientras tanto, el rey Ailill envió un mensajero al padre de la niña, Ethal Anbúail, pidiéndole que fuera a hablar con el rey Ailill y la reina Maeve. Este se negó, diciendo que no entregaría a su hija al hijo del Dagda.

Cuando Ailill escuchó estas noticias, dijo que no importaba. El hombre sería obligado a acudir, y Ailill también se llevaría las cabezas de los guerreros del hombre por su falta de respeto. La gente del rey Ailill y la del Dagda destruyeron a los guerreros de Ethal Anbúail y se llevaron tres decenas de cabezas, atrapando a Ethal Anbúail en Crúachu. El rey Ailill se enfrentó a Ethal Anbúail y le exigió que le entregara a su hija para Aengus.

Ethal Anbúail dijo que no estaba en su mano entregar a su hija porque era más poderosa que él. Ailill se sorprendió. Su poder era la capacidad de cambiar de forma. Durante un año, sería un ave, luego pasaría el año siguiente como humana, cambiando entre las dos formas cada dos años.

Ailill exigió saber cuándo volvería a ser ave la niña, pero Ethal Anbúail se negó a decirlo hasta que el rey Ailill amenazó con quitarle también la cabeza. Finalmente, Ethal Anbúail confesó que su hija se convertiría en ave el próximo Samhain en Loch Bél Dracon, el lago de la boca del dragón, con otros 150 cisnes. Los tres hicieron las paces y siguieron caminos separados. El Dagda llevó la noticia a casa a su hijo, diciéndole que fuera a Loch Bél Dracon el próximo Samhain y llamara a su amada.

Finalmente, cuando llegó Samhain, Aengus viajó a Loch Bél Dracon y la llamó. Ella le devolvió la llamada, diciéndole que solo hablaría con él si le prometía que podría regresar al agua. Él lo prometió y ella voló hacia él. Mientras se abrazaban, Aengus se convirtió también en cisne. Se abrazaron y durmieron como cisnes hasta que dieron tres vueltas juntos al lago. Se alejaron del lago volando juntos como cisnes, en dirección a Brú na Bóinne, el túmulo de Newgrange en Boyne. Mientras volaban, una dulce música de hadas los seguía. Su hermosa canción era tan poderosa que la gente de Boyne durmió durante tres días y tres noches.

Aengus se quedó con su chica para siempre, ya que los cisnes se aparean de por vida. El dios del amor y la juventud había encontrado su propio y verdadero amor.

Observará varios temas importantes en esta leyenda que se repiten a lo largo del Ciclo mitológico, así como en otras partes del folclore irlandés. Los cisnes representan algo más que una conexión con la naturaleza. Los cisnes se aparean de por vida, lo que los convierte en un símbolo perfecto de fidelidad y amor. Son personajes destacados en otras historias del Ciclo mitológico, como Los hijos de Lir.

El número tres también desempeña un papel importante a lo largo de esta historia. Los cisnes nadaron juntos alrededor del lago tres veces.

Aengus festejó con el rey Ailill durante tres días y tres noches. El pueblo de Boyne durmió después de escuchar la música de hadas de Caer durante tres días y tres noches.

Como recordará, el tres era un número sagrado para los celtas, que simbolizaba el nacimiento, la muerte y la renovación. Se trata del ciclo completo de la vida, ya que los celtas creen que el alma nunca muere, solo pasa por los distintos ciclos.

El sueño de Aengus es a la vez una historia de amor y de determinación. Nos deja algunas preguntas, como hacen muchos mitos. ¿Por qué Caer, la diosa del sueño y de los sueños, se le apareció a Aengus en primer lugar? ¿Por qué se hizo tan difícil de encontrar? ¿Cree que fue una prueba, para ver si Aengus la amaba de verdad lo suficiente como para buscarla y cumplir su promesa de permitirle regresar al agua?

El Ciclo del Ulster

El cambio entre el Ciclo mitológico y el Ciclo del Ulster estuvo marcado por un claro desplazamiento de los seres mágicos y los colonos a las historias de guerra. Este ciclo presenta guerreros, las penas de la guerra y describe batallas. Los relatos se centran en la Casa de la Rama Roja, una orden militar.

Las pistas de la historia llevan a los eruditos a creer que las historias del Ciclo del Ulster están basadas en gran parte en la Edad de Hierro. La parte principal del Ciclo del Ulster se desarrolla durante el reinado de Conchobar en el Ulster y de la reina Medb (Maeve) en Connacht. Gobernaban dos reinos vecinos, que eran similares a dos estados. La muerte de Conchobar coincide con el día en que Cristo fue crucificado.

El sabueso de Culann

El protagonista de estas historias es Cú Chulainn, considerado el mayor héroe de todos los mitos celtas. El nombre de pila de Cú Chulainn es Setanta. Era hijo del dios Lugh y de Dechtire, la hermana del rey Conchobar. La historia de cómo Cú Chulainn se convirtió en el apodo de Setanta es famosa en toda Irlanda. Dice más o menos así:

Una noche, el rey Conchobar fue con sus compañeros guerreros a cenar con un amigo llamado Culann. El rey estaba criando a Setanta como si fuera su hijo, e invitó al joven a acompañarle a la cena. Setanta le dijo al rey que prefería jugar al *hurley*, un juego parecido al hockey. Prometió al rey que se presentaría más tarde, cuando hubiera terminado de jugar.

Culann era un hombre rico con una mansión en una gran propiedad en un lugar llamado Quelgny. Cada noche, Culann soltaba a su mejor sabueso alrededor de su casa como perro guardián. Este sabueso era temible y mortífero, una bestia loca que mataría a los posibles ladrones que intentaran acercarse sigilosamente a Culann y su familia.

El rey y Culann se habían olvidado por completo de Setanta hasta que oyeron aullar fuera al aterrador sabueso guardián de Culann. Todos los presentes en la mesa oyeron los aterradores ruidos de la lucha. Temiendo lo peor para Setanta, todos los hombres de la mansión corrieron al exterior. Para su sorpresa, encontraron a Setanta de pie junto al perro muerto. Setanta había matado al perro guardián con su palo de *hurley*.l rey alabó a Setanta por su valentía y habilidad, pero Culann estaba comprensiblemente consternado por la muerte de su mejor perro guardián. Setanta prometió a Culann que él mismo vigilaría la propiedad con lanza y escudo durante un año. Mientras tanto, entrenaría a un cachorro del sabueso muerto para que fuera un perro guardián aún mejor. Tras esta fatídica noche, Setanta se ganó el apodo de Cú Chulainn, el Sabueso de Culann.

Donn Cúailnge

La segunda historia infame protagonizada por Cú Chulainn se llama Donn Cúailnge. La historia original puede encontrarse en *Lebor na hUidre* (El libro de la vaca Dun) y *Lebor Buide Lecáin* (El libro amarillo de Lecan).

Esta es una historia sobre el toro pardo de Cooley, un semental extremadamente fértil. Este toro provocó una batalla épica conocida como El asalto ganadero de Cooley, o *Táin Bó Cúailnge*, una historia emblemática del Ciclo del Ulster.

El inicio de la saga del toro pardo de Cooley comienza con dos hombres. Cada uno era cuidador de cerdos. Uno trabajaba para el rey de los *sidhe* de Munster y el otro para el rey de los *sidhe* de Connaught. Los dos hombres estaban en constante oposición. Los habitantes de la zona descubrieron que podían transformarse en diferentes formas y los enfrentaban constantemente para ver quién tenía mayores poderes.

Primero, maldijeron mutuamente a sus cerdos, hechizándolos para que comieran, pero permanecieran siempre flacos. Esto hizo que ambos fueran despedidos por sus amos, pero demostró que sus poderes eran iguales.

A continuación, comenzaron sus peleas incesantes. Se transformaron en aves y lucharon entre sí durante dos años. Lucharon como criaturas marinas en el río, y lucharon como ciervos y destruyeron las casas del otro. Se transformaron en dos guerreros humanos y se atacaron en sangrientas peleas. Se convirtieron en dos fantasmas, cada uno intentando asustar al otro hasta la muerte. Se convirtieron en dos dragones, cada uno intentando congelar al otro, enterrando en nieve la tierra de su oponente.

De algún modo, en un curso de desafortunados acontecimientos, eligieron luchar como dos gusanos y fueron tragados por distintas vacas. Los hombres renacieron en forma de toros. Uno de los toros era Donn Cúailnge, el toro pardo. El otro era Finnbhennach, que significa «de cuernos blancos».

Donn pertenecía al rebaño del señor del ganado del Ulster. El toro de cuernos blancos pertenecía al rebaño de la reina Medb. El toro de cuernos blancos se dio cuenta de que pertenecía a una mujer y consideró que eso estaba por debajo de él, así que se unió al rebaño de su marido, el rey Ailill.

Cuando la reina Medb descubrió que el hecho de que Ailill poseyera el toro de cuernos blancos hacía a su marido más rico que ella, estaba decidida a poseer el poderoso toro castaño Donn Cúailnge para aumentar su prestigio.

En primer lugar, la reina Medb decidió adquirir diplomáticamente el toro pardo. Envió un mensaje amistoso al propietario, Dáire. Ella le ofreció riquezas de tierras y tesoros o incluso favores sexuales si él lo deseaba. Pidió poseer el toro durante un año. Dáire aceptó su oferta y estaba todo listo para enviar el toro a Medb cuando las cosas dieron un vuelco. El mensajero se emborrachó y empezó a jactarse de que la reina Medb habría tomado el toro por la fuerza si Dáire no hubiera aceptado el intercambio diplomático. Esto enfureció a Dáire, que retiró su aceptación de la oferta de la reina.

La reina Medb reunió un ejército y lo envió a marchar sobre Dáire para tomar el toro por la fuerza. Fergus mac Róich encabezaba el ejército. La Morrigan adoptó la forma de un cuervo y se adelantó volando, advirtiendo al toro pardo de la llegada del ejército. El toro montó entonces en cólera.

Los hombres del Ulster querían luchar contra el ejército de la reina Medb, pero fueron incapacitados por una terrible maldición. El único guerrero que no se vio afectado por la maldición fue Cú Chulainn, debido a su corta edad. En lugar de vigilar la frontera por si se acercaba el ejército, Cú Chulainn se distrajo con una cita y los hombres de la reina Medb consiguieron encontrar a Donn Cúailnge, el toro pardo.

Donn Cúailnge corneó a los primeros pastores que intentaron agarrarlo. Creó una estampida con cincuenta de sus vaquillas, pisoteando a más de cincuenta hombres del ejército, antes de que el rebaño se adentrara en el campo, dejando a los hombres de la reina Medb en el polvo.

Cú Chulainn se unió a la lucha, encontrándose con el ejército de la reina en el monte Slieve Foy. Aquí, Cú Chulainn invocó el derecho de combate singular en el vado de un río. Las batallas individuales se prolongaron durante meses mientras Cú Chulainn seguía derrotando a cada campeón.

Mientras Cú Chulainn estaba distraído, el toro pardo, Donn Cúailnge, fue capturado en otro lugar, junto con veinticuatro vacas. Cú Chulainn se presentó y mató a las veinticuatro vacas y a otros hombres, pero en la refriega Donn Cúailnge volvió a huir.

Finalmente, una batalla entre el ejército de la reina Medb y los guerreros del Ulster terminó con la retirada de los hombres de la reina. Sin embargo, la reina pudo capturar de algún modo a Donn Cúailnge. Luchó con Finnbhennach, el toro de cuernos blancos, para terminar su discusión inicial que había comenzado en forma humana.

La lucha fue larga y sangrienta. Al final, el toro pardo ganó y el toro blanco murió. Por desgracia, el toro pardo también estaba herido de muerte. Cojeó por el campo, dejando tras de sí múltiples lugares que llevarían su nombre, antes de regresar a Cooley para morir.

El Ciclo Feniano

El Ciclo Feniano fue escrito en el siglo III de nuestra era. En este ciclo destacan Munster, Leinster y Escocia. El Ciclo Feniano es conocido por la tradición de los *fiannas*. Los fenianos eran un pueblo nómada al que le encantaba cazar y luchar. En las historias aparecen guerreros y héroes, aunque este ciclo se aleja de las meras historias de guerra y se acerca más al romance. Los animales aparecen como seres mágicos que aportan sabiduría y conocimiento.

El famoso relato El salmón del conocimiento se encuentra en este ciclo. Con él se inicia una larga sección de mitología relacionada con Fionn mac Cumhaill.

El salmón del conocimiento

Según cuenta el cuento, en el río Boyne había un salmón llamado el Salmón del Conocimiento. A la primera persona que comiera este pez se le concedería la sabiduría sobre todos los demás hombres. Un poeta llamado Finegas vivía cerca de este río. Llevaba varios años intentando capturar este pez tan especial. Ya era conocido como uno de los hombres más sabios de toda Irlanda.

Un joven guerrero llamado Fionn mac Cumhaill (Finn McCool) vino a vivir con Finegas. Fionn no tenía ni idea de la existencia del Salmón del Conocimiento. Fionn siempre le preguntaba a Finegas por qué se pasaba todo el tiempo pescando, pero Finegas solo sonreía como respuesta, sin dar nunca una respuesta real.

Una mañana, Fionn oyó gritos desde la orilla del río. Finegas había conseguido pescar un gran salmón. El pez relucía plateado, más brillante que los demás peces del río. Finegas se dio cuenta inmediatamente de que ¡por fin había capturado el Salmón del Conocimiento!

Finegas se había agotado pescando el pez y luchando con él en la orilla del río. Le preguntó a Fionn si podía cocinar el pescado para él, pero le advirtió que no probara ni un solo bocado de la carne del pez. Fionn se alegró de ayudar a Finegas, así que cocinó el pescado sobre el fuego. Mientras daba la vuelta al pescado, se quemó accidentalmente el pulgar con la piel caliente. Dejando escapar un aullido de dolor, Fionn se llevó el pulgar a la boca para enfriar el dedo quemado como reacción automática.

Poco después, Fionn llevó el pescado cocido a Finegas. Fue entonces cuando Finegas miró a Fionn a los ojos. Pudo ver que ahora había algo diferente en Fionn. Finegas preguntó a Fionn si había comido algo del salmón. Fionn insistió en que no lo había hecho. Entonces, Fionn recordó que se había quemado el pulgar y se lo había metido en la boca.

Finegas se entristeció porque sabía que Fionn había obtenido la sabiduría del Salmón del Conocimiento. Finegas nunca sería ahora el hombre más sabio de Irlanda. Sin embargo, Finegas no era un hombre egoísta. Se alegró por Fionn.

Poco después de convertirse en el hombre más sabio de Irlanda, Fionn abandonó el hogar de Finegas. Se convirtió en el líder de los *fiannas* y ahora se lo conoce como el mayor guerrero que ha tenido Irlanda.

El duende

Una aventura famosa de Fionn mac Cumhaill cuenta lo que sucedió después de que Fionn abandonara Finegas. Lleno de sabiduría, desafió a un duende malvado que aterrorizaba a la gente que vivía en la colina de Tara cada Samhain. Este duende se llamaba Aillén mac Midgna.

El duende prendía fuego a los edificios y realizaba otras maldades. Ningún guerrero podía desafiar a este duende porque tenía un arpa mágica. La música del arpa pondría a dormir incluso al guerrero más poderoso.

Finalmente, un Samhain, Fionn se presentó ante el *fianna* y se comprometió a matar al goblin. Su única petición era que si tenía éxito en su búsqueda, sería nombrado líder de los *fiannas*, como su padre antes que él.

El rey accedió y un amigo del padre de Fionn le dio a este una lanza mágica. Le dijo a Fionn que apretara la lanza contra su frente cuando el duende empezara a tocar la música del arpa encantada para mantenerse despierto.

Al caer la noche, Fionn oyó a lo lejos la música de las hadas. Sujetó la lanza contra su frente y esperó. Pronto, el goblin se acercó sigilosamente. De repente, Fionn lanzó la lanza, golpeando al goblin en el corazón. El goblin se desvaneció en una nube de niebla.

Fionn regresó ante el rey, quien lo proclamó próximo líder de los *fiannas*. Desde allí, Fionn gobernó a los *fiannas* desde su fortaleza en la colina de Allen, en el condado de Kildare.

Oisín

A veces este ciclo también se denomina Ciclo Ossiánico porque supuestamente fue escrito por Oisín. Se trata del mismo Oisín del que hablábamos antes, que estaba enamorado de la diosa Niamh y se fue a vivir a Tír na nÓg.

Al contar la historia de Oisín y Niamh en el capítulo anterior, se omitió la historia de Oisín. Oisín es hijo del infame Fionn mac Cumhaill, que consumió el Salmón del Conocimiento.

Cómo llegó a ser Oisín es un cuento por derecho propio.

Según cuenta la leyenda, una joven doncella de nombre Sadhbh rechaza los avances amorosos de un druida mayor llamado Dorcha. Como castigo, es transformada en ciervo. Poco tiempo después, los famosos sabuesos de Fionn mac Cumhaill, Bran y Sceolan, corrían delante de su dueño mientras salían de caza. Se cruzan con este ciervo bajo un serbal.

Cuando Fionn alcanza a sus perros, los ve olfateando alrededor del ciervo. De inmediato se da cuenta que hay algo único en este ciervo. Para sorpresa de Fionn, el ciervo se transforma en una joven encantadora. Ella les dice que se llama Blaith Dearg, la hija del mayor enemigo de Finn, Dearg.

Blaith invita a Fionn a pasar la noche con ella, ya que le parece mucho más atractivo que el hombre druida mayor al que se había prometido. Cuando Fionn se despierta a la mañana siguiente, Blaith ha desaparecido.

Aproximadamente un año después, Fionn pasa junto al mismo serbal. Para su sorpresa, allí, en el mismo lugar donde había conocido a Blaith Dearg, hay un bebé sentado. Sabe que es el bebé que Blaith había engendrado durante la única noche que pasaron juntos. Fionn coge al bebé y le pone el nombre de Oisín.

Oisín se convierte en un joven llamativo. Supera con gran facilidad todas las rigurosas pruebas que le permiten ingresar en el *fianna*. Oisín es muy querido por los *fiannas* y por su padre, y se hace famoso en toda la región como guerrero y poeta.

Un día, Oisín está sentado en un banco al amanecer, cuando la resplandeciente primera luz del día se transforma de repente en una hermosa mujer de cabellos dorados llamada Niamh. A partir de ahí, comienza la conocida historia de amor de Oisín y Niamh, ya que él acepta la invitación de ella para viajar a Tír na nÓg a lomos de su caballo blanco Embarr. Se casa y vive con ella durante los trescientos años siguientes.

El Ciclo del Rey

El Ciclo del Rey también se conoce como Ciclo histórico. Los cuentos de este ciclo tratan sobre la realeza, las guerras entre reyes y los matrimonios entre reyes y diosas o reinos. Las diosas representaban a menudo la relación de un rey con la tierra. Los cuentos de este ciclo cuentan lo que significa ser un buen rey y cómo traer la prosperidad al reino, dando ejemplos tanto de reyes exitosos como de reyes fracasados de la literatura irlandesa media y antigua. La mayoría de los cuentos están narrados en un estilo poético, tal y como los recitaban los bardos.

Muchos de los reyes que aparecen en estos relatos se consideran figuras semihistóricas. No se ha demostrado históricamente que algunos hayan existido, mientras que se ha demostrado que otros representan a reyes reales. Algunos incluyen a Cormac mac Airt, Conaire Mor, Niall de los Nueve Rehenes, Labhraidh Loingseach y Mongan.

El relato más popular de este ciclo es *Buile Shuibhne*, El frenesí de Sweeny (o La locura de Sweeney). El relato cuenta la historia de Duibhne de los Dál Riada (o Riata), que fue herido en batalla. Entonces vagó por los lugares más salvajes de Irlanda, buscando desesperadamente la paz.

Simbolismo, solapamiento y relevancia en la actualidad

En los capítulos siguientes, también queremos examinar el papel de los ciclos en la conformación de las tradiciones narrativas irlandesas y el legado actual de estos ciclos en la cultura irlandesa contemporánea. ¿Por qué son importantes estos ciclos? ¿Siguen siendo relevantes en la actualidad?

Capítulo 6: Los hijos de Lir

Como ya se ha mencionado, la historia más conocida del Ciclo mitológico es la de los Hijos de Lir.

La historia es la siguiente.

Hace mucho, mucho tiempo, en el reino de los Tuatha Dé Danann, murió el rey Dagda.

Cuando el consejo se reunió para elegir un nuevo rey, el dios del mar Lir esperaba ser el siguiente en la línea de sucesión al trono. Por desgracia, no fue elegido. En su lugar, Bodb Dearg se convirtió en rey. Lir se enfureció y se marchó furioso, negándose a aceptar al nuevo rey.

Queriendo ganarse el favor de Lir, Dearg dio a Lir a su hija Aoibha (Eva) en matrimonio. Lir y su esposa

Lir y sus hijos cisnes[6]

vivieron con sus cuatro encantadores hijos en su castillo y tuvieron una vida feliz. Los niños se llamaban Fionnula, Aodh, Conn y Fiachra.

Tristemente, Aoibha murió. Lir y sus hijos lloraban por ella, echándola de menos cada momento de cada día. El rey quería que sus hijos tuvieran una madre que cuidara de ellos, y el abuelo de los niños, el rey Dearg, también estaba desconsolado y quería ayudar a la familia. Así pues, se decidió que Lir volvería a casarse.

Dearg ofreció a su hija Aoife para ser la nueva esposa de Lir. Al principio, todo iba bien. Aoife era hermosa, pero el tiempo reveló que su belleza interior no coincidía con su belleza exterior. Su corazón no era puro.

Al principio, Aoife adoraba a los cuatro hijos de Lir. Desgraciadamente, con el paso del tiempo empezó a sentir celos de ellos al darse cuenta de que siempre tendrían prioridad sobre ella cuando se trataba del afecto de Lir. Aoife decidió que quería al rey solo para ella, así que ideó un plan para deshacerse de los niños.

Un caluroso día de verano, Aoife se ofreció a llevar a los niños a nadar a Lough Derravaragh. Los niños nadaban sin preocupaciones, disfrutando del día. Cuando no estaban prestando atención, Aoife sacó una varita de druida. Lanzó un hechizo sobre los niños. En un instante, hubo un destello cegador de luz y los cuatro niños desaparecieron. Donde habían estado los niños había cuatro majestuosos cisnes de plumas tan blancas y puras como la nieve recién caída.

Hubo un silencio atónito mientras los cisnes, confusos, nadaban en círculos. Entonces, uno de los cisnes abrió el pico y habló con la voz de Fionnula.

—¿Qué nos has hecho? —preguntó.

Aoife se alegró de que su plan hubiera funcionado a la perfección. Una carcajada escapó de sus labios mientras respondía:

—Los cuatro serán cisnes durante novecientos años. Trescientos de esos años los pasarán en este lago, trescientos en el mar de Moyle y trescientos en Inish Glora. La única forma de romper este hechizo es haciendo sonar la campana de una iglesia.

Al final del día, Lir se preocupó cuando sus hijos no volvieron a casa después de nadar. Bajó al lago para encontrarlos, pero lo único que vio fueron cuatro cisnes. Mientras se quedaba mirando el agua, buscando cualquier señal de su familia desaparecida, uno de los cisnes abrió la boca y habló con la voz de su hija Fionnula.

Fionnula le explicó lo que Aoife había hecho. Lir regresó corriendo al castillo y suplicó a Aoife que revirtiera el hechizo que había lanzado, pero ella se negó. Lir la desterró del reino. Cuando su padre, el rey Dearg, se enteró de lo que había hecho su hija, hizo que se transformara en un demonio del aire y, según cuenta la leyenda, aún hoy permanece en esa forma.

Lir comenzó a pasar todo su tiempo junto al lago, escuchando cantar a sus hijos y viéndolos nadar. Dearg también se unía con frecuencia a Lir en las orillas del lago, escuchando cantar a sus nietos y ofreciendo su apoyo a Lir en los momentos difíciles. Sus hijos vieron impotentes cómo Lir envejecía y moría, rompiéndoles el corazón.

Después de trescientos años, se trasladaron al frío y ventoso mar de Moyle, entre Irlanda y Escocia. Preferían la cálida isla donde abundaba la comida. Cuando pasaron otros trescientos años y llegó el momento de volar a Inish Glora, los cisnes habían envejecido mucho.

Por fin, una mañana en Inish Glora, los cisnes oyeron el sonido que habían estado anhelando año tras año. Era el sonido de la campana de una iglesia cristiana. Los cisnes se apresuraron a llegar a la orilla. Mientras se dirigían a la iglesia, empezaron a transformarse de pájaros en ancianos. El monje que tocaba la campana de la iglesia se llamaba Caomhog. Se quedó estupefacto al ver a los cisnes transformarse en humanos justo delante de él.

Los niños tenían ahora novecientos años, incapaces de seguir viviendo en el plano humano. El monje los bautizó y escuchó la historia de sus vidas. Poco después, cuando murieron, los enterró juntos en una tumba. Esa noche, soñó vívidamente que veía a cuatro niños volando sobre su cabeza, a través de las nubes. Se sintió en paz al saber que los niños se reunían por fin con su madre y su padre.

Los Hijos de Lir incorpora motivos similares a muchos cuentos del Ciclo mitológico. Encontramos los celos como motivo principal de la historia. La magia oscura se utiliza contra los demás. La tristeza es el resultado final; nadie gana.

Manannán Mac Lir, el dios del mar, significa «hijo de Lir» en gaélico. Esto convertiría a los cuatro niños en medios hermanos del famoso Manannán.

Manannán ejerció una influencia tan fuerte en el folclore irlandés que apareció de alguna forma en los cuatro ciclos de la mitología irlandesa.

Bodb Dearg fue un excelente ejemplo de rey sabio y bondadoso. Bodb Dearg apareció en otras muchas historias, incluido el Sueño de Aengus que aparece en el Ciclo mitológico. Si lo recuerda, la hermosa doncella que vio Aengus era una doncella que se transformó en cisne, igual que los hijos de Lir.

Los cisnes se convirtieron en símbolos del amor y la fidelidad en toda Irlanda. Los cisnes se aparean de por vida, lo que los convierte en un símbolo perfecto del amor verdadero. También se dice que representan la transparencia y la pureza. Lir mostró amor incondicional a sus hijos, y Aengus prometió fidelidad y amor a su doncella, incluso convirtiéndose él mismo en cisne para que pudieran volar juntos. Los cisnes también formaban parte del Cortejo de Étain.

Los personajes de Los hijos de Lir se encuentran principalmente en dos ciclos de la mitología irlandesa: el Ciclo mitológico, del que forma parte esta historia, y el Ciclo del Ulster. La malvada madrastra de los Hijos de Lir, Aoife, aparece en el Ciclo del Ulster como guerrera. Se revela que en realidad era la hija adoptiva del rey Dearg. Su verdadero padre era Ailill, el gran guerrero.

Al coincidir con la cronología histórica, esta historia incorpora obviamente la llegada de los monjes cristianos a Irlanda y muestra cómo el pueblo empezaba a fundir las dos visiones del mundo en una sola, ya que tanto la oscura magia druida como el hecho de ser bautizado aparecen en el mismo relato.

A lo largo de la historia, los Hijos de Lir se han incorporado a toda la cultura irlandesa. Se han creado muchas obras de arte, esculturas y piezas de cristal basadas en el cuento popular. Se han escrito canciones clásicas y modernas basadas en la historia. También se hace referencia a él innumerables veces en novelas, poesía y otras obras literarias.

Curiosamente, los Hijos de Lir se han convertido en una popular pieza de joyería irlandesa moderna. Cisnes blancos entrelazados que representan a los hijos de Lir se llevan como tributo a su memoria.

La gente no se pone de acuerdo sobre la moraleja de la historia. ¿Es sobre la lealtad a los seres queridos? ¿Es sobre los males de los celos y cómo una persona celosa puede alterar el destino de los demás? ¿O es una historia destinada a enseñarnos que debemos intentar sacar lo mejor de las situaciones difíciles que no podemos cambiar?

Sea como fuere, los Hijos de Lir sirven para unir al pueblo irlandés con un vínculo cultural común. Es un cuento sombrío y mágico, a la vez, el ejemplo perfecto de un mito irlandés. Los Hijos de Lir es una leyenda que siempre perdurará en la cultura irlandesa, pasen los años que pasen. Los cisnes salpican el paisaje y los cursos de agua de Irlanda, sirviendo de recordatorio constante del mito.

Capítulo 7: Fionn mac Cumhaill y el *fianna*

Una ilustración de Fionn mac Cumhaill[7]

Fionn mac Cumhaill, conocido coloquialmente como Finn McCool, es uno de los personajes más famosos de la mitología irlandesa. Era sabio más allá de su edad, tal como en el Salmón del Conocimiento. En el Sabueso de Culann, oímos hablar de su inteligencia y fuerza de joven, cuando derrotó al temible sabueso guardián.

Las historias de Finn McCool son numerosas. Primero se compartieron como parte de la tradición oral de los mitos irlandeses y finalmente se escribieron en el Ciclo Feniano de la literatura irlandesa.

Finn McCool representa todo lo importante de la cultura irlandesa. Es sabio. Es valiente y tiene una conexión profunda y perenne con el mundo natural.

El padre de Finn era Cumhaill, el poderoso líder del *fianna*. Su madre era Muirne, hija del druida Tadg mac Nuadat. El nacimiento de Finn fue en sí mismo dramático, con profecías y drama, dando comienzo a la vida de extraordinarias habilidades y aventuras de Finn McCool con una explosión desde su concepción.

Cuando Finn era joven, su padre fue asesinado por Goll mac Morna. Para mantener a Finn a salvo de los enemigos de su padre, lo escondieron en lo profundo del bosque. Este tiempo de su vida temprana pasado en el bosque dio a Finn su aprecio por la naturaleza y ayudó a perfeccionar su carácter. Fue criado en el bosque como un hábil cazador, poeta y, sobre todo, guerrero.

Tras abandonar el bosque, Finn fue a alojarse con el poeta Finegas. Como aprendimos en el último capítulo, Finn consiguió probar el Salmón del Conocimiento. Se decía que este pez brillante poseía toda la sabiduría del mundo. A partir de este momento, Finn se transformó de niño guerrero a líder sabio.

Fue entonces cuando Finn se ganó el derecho a ser líder del *fianna* al derrotar a un terrible trasgo llamado Aillén mac Midgna. Finn reclamó la posición de su familia a Goll mac Morna, el hombre que había matado a su padre.

Finn y su sabiduría aportaron buenas cualidades al *fianna*, como la valentía, la caballerosidad y la lealtad. Cada historia sobre Finn y el *fianna* presenta a Finn como el héroe en feroces batallas contra seres sobrenaturales. Las historias suelen girar en torno a lecciones de valentía, amor, traición o amistad.

Finn McCool es, en efecto, un personaje con cualidades heroicas, pero además de eso, en algunas versiones de sus leyendas es retratado como un gigante. Los eruditos creen que Finn no era en realidad un gigante de estatura, pero quizá era un gigante simbólico. Su estatus dentro del *mythos* era impresionante, y sus cualidades magnánimas.

El propio paisaje de Irlanda está lleno de Finn McCool. Los hitos geográficos de toda Irlanda llevan su legado. Algunos de ellos son la Calzada del Gigante, Lough Neagh y la isla de Mann. Esta extraña y maravillosa mezcla de mitología y realidad que crea la espina dorsal de la cultura irlandesa puede verse claramente cuando se buscan señales de Finn McCool en la Irlanda actual. Sirve como símbolo perdurable de Irlanda, moldeando para siempre tanto la geografía del país como el corazón de sus gentes.

¿Ha visto alguna vez la Calzada del Gigante? Se trata de una maravilla natural, no de algo hecho por el hombre. Puede encontrarla en el condado de Antrim, en Irlanda del Norte. Cuenta la leyenda que el propio Finn McCool construyó la calzada para poder atravesar el canal del Norte y encontrarse con un gigante escocés llamado Benandonner. Los peldaños en el canal del Norte fueron una sabia solución para completar el viaje de Finn.

Al principio, Finn no se dio cuenta de lo grande que era el gigante. Asustados por el tamaño de Benandonner, Finn y su mujer idearon una forma de engañar al gigante. Fingirían que Finn era un bebé enorme en lugar de un adulto. Su mujer lo vistió de bebé y cuando Benandonner llegó a casa de Finn, su mujer le dijo que no hiciera ruido para no despertar a su bebé dormido.

Cuando Benandonner vio al enorme «bebé», se asustó y aterrorizó. Si el bebé de Finn era tan grande, ¿cuánto más grande sería su padre Finn? El gigante volvió corriendo a través de la Calzada de los Gigantes, destrozándola mientras la atravesaba atronadoramente.

En este cuento podemos ver claramente la valentía, la sabiduría y la determinación de Finn. También muestra cómo los mitos de los dioses y las diosas explicaban la creación y los hitos al antiguo pueblo irlandés.

El lago más grande de las islas británicas se conoce como Lough Neagh. La explicación de la formación de este gran lago está literalmente en la palma de la mano de Finn McCool. Según la leyenda, Finn recogió un enorme trozo de tierra cuando estaba lleno de ira.

Lanzó el trozo de tierra a su rival escocés al otro lado del mar. La bola de tierra no alcanzó al rival escocés de Finn y en su lugar aterrizó en el mar de Irlanda, donde se convirtió en la isla de Man. El cráter que dejó la tierra removida se convirtió en Lough Neagh cuando se llenó de agua.

Aunque el Ciclo Feniano se basa principalmente en la vida heroica de Finn McCool, gran parte de la poesía fue escrita por el hijo de Finn, Oisín. Se trata del mismo Oisín que se enamoró profundamente de Niamh. Estos poemas e historias se escribieron en la época medieval.

«El libro de Leinster» y «El libro de la vaca Dun», que hablan ambos de Finn McCool, son dos de los libros más famosos del Ciclo Feniano. Estos dos libros contienen algunos de los datos más importantes que poseemos sobre la antigua cultura irlandesa. Muchas de las historias incluyen a Oisín como un hombre mayor, recordando la asombrosa edad de oro del *fianna* y a su padre Finn McCool.

El impacto de Finn fue tan perdurable que incluso algunos partidos políticos se han bautizado con su nombre. Los fenianos, un grupo del siglo XIX que buscaba la libertad frente al Reino Unido, se bautizaron con el nombre del heroico Finn y su banda de guerreros.

Hoy en día, uno de los principales partidos políticos de Irlanda se llama Fianna Fáil. *Fianna* todavía significa guerrero en irlandés hoy en día. El nombre del partido se traduce como «Soldados del destino», en un saludo al soldado irlandés por excelencia y a sus guerreros: Finn McCool y el *fianna*.

Capítulo 8: La Morrigan

¿Recuerda a Danu, la diosa de los Tuatha Dé Danann? Pues bien, los Tuatha Dé Danann tenían más de una figura de diosa. Otra diosa importante en los ciclos mitológicos y del Ulster es la Morrigan.

Como parte de los Tuatha Dé Danann, la Morrigan poseía poderes mágicos. Su papel en los mitos siempre se centró en el uso de la magia. La Morrigan era la diosa de la guerra, la muerte y el destino en toda la mitología celta. La Morrigan es una diosa de la tierra, relacionada con la fertilidad de la tierra y la cría de ganado. También podía controlar el agua, incluyendo lagos, ríos, océanos y todo tipo de agua dulce.

La Morrigan también es una diosa sexual. Se acuesta con dioses o héroes, lo que les asegura la victoria en la guerra.

Los orígenes de la diosa Morrigan no están claros. Nadie se pone de acuerdo sobre su procedencia ni sobre quién era exactamente, salvo en que con toda seguridad formaba parte de los Tuatha Dé Danann. Morrigan tenía varios hermanos, entre ellos Macha, Eriu, Banba, Badb y Fohla. Sabemos que el nombre de su madre era Ernmas, otra diosa de los Tuatha Dé Danann.

El nombre de Morrigan también es objeto de interés y especulación entre los historiadores. Morrigan, sin el acento en la «o», es una grafía irlandesa antigua del nombre de la diosa y probablemente significa «reina de las pesadillas». Mórrigan y Mór-Ríoghain son grafías irlandesas posteriores. Se cree que significan «Gran Reina». Otras interpretaciones son «Reina de los fantasmas», «Reina de los muertos» y «Reina del mar».

La mayoría de los folclores coinciden en que la Morrigan era una joven muy bella con una impecable y ondulada cabellera oscura. Llevaba un manto negro que a menudo ocultaba su rostro.

Podía transformarse en la forma que quisiera. La mayoría de las veces, la Morrigan prefería adoptar la forma de un lobo o un cuervo. Tiene sentido que la Morrigan sea representada por un cuervo, o a veces por un buitre. Cuando algo muere en un campo (por ejemplo, una vaca en el rebaño o los hombres en la batalla), lo primero que aparece siempre es un ave carroñera hambrienta. Podemos suponer que los irlandeses vieron esto y asociaron la figura de la Morrigan con las aves.

Tenía tendencia a ser muy aterradora. Si se fija bien, se dará cuenta de que, aunque la Morrigan puede ser una figura aterradora, nunca mata a nadie. Los cuervos tampoco matan a la gente. Los cuervos ayudan a acelerar el proceso de descomposición, comiendo y transformando los cadáveres. La Morrigan no es la Muerte en sí misma; es simplemente la guardiana de la muerte.

Parecía tener control sobre la guerra y la victoria en la batalla. La Morrigan se transformaba en cuervo y planeaba sobre los campos de batalla, manipulando el resultado. Después, la Morrigan reclamaba las almas de los que morían en la batalla como trofeo.

¿Sabía que la Morrigan se enamoró de Cú Chulainn, nuestro valiente guerrero que derrotó al sabueso? En el relato El mito de Cú Chulainn, la Morrigan intenta seducirlo varias veces, pero siempre fracasa.

La Morrigan nunca pudo aceptar que Cú Chulainn la hubiera rechazado, así que hizo planes para vengarse. El primer intento que hizo contra Cú Chulainn fue desviar su camino y confundirlo. Se transformó en forma de toro, pero Cú Chulainn la ignoró y el plan fracasó. El segundo intento que hizo la Morrigan fue hacer tropezar a Cú Chulainn. Una vez que él tropezara y cayera, ella se acercaría a él para ganar más fuerza y luego usaría magia sobre él. Fracasó por segunda vez. El tercer intento de la Morrigan fue en forma de lobo. Quería asustar a Cú Chulainn. Esto también fracasó.

En ese momento, la Morrigan había sido herida varias veces en sus formas animales, así que decidió probar una táctica diferente. La Morrigan cambió a una forma humana. Se convirtió en una anciana que fingía que su único trabajo era ordeñar las vacas. Cú Chulainn estaba agotado por los intentos anteriores de la Morrigan de engañarlo, y no la reconoció como humana. Ella le ofreció un trago de leche de una de sus vacas, y él aceptó agradecido, bendiciendo a la Morrigan por compartir la leche. Esta bendición devolvió a la Morrigan toda su salud, y se hizo aún más fuerte de lo que había sido anteriormente.

La Morrigan sintió una oleada absoluta de rabia ante sus fracasos para engañar a Cú Chulainn. Decidió que la única opción en ese momento era que Cú Chulainn muriera. Un día, poco después, Cú Chulainn paseaba en su caballo cuando tropezó con la Morrigan, con aspecto de *banshee* y lavando su armadura ensangrentada junto al río. En ese momento, Cú Chulainn supo que iba a morir.

Durante la siguiente batalla, Cú Chulainn luchó como un poderoso héroe. Resultó herido de muerte y supo que eran sus últimos momentos en el plano mortal. Pero Cú Chulainn tenía un plan. Consiguió encontrar una pesada roca y atársela al cuerpo para que, al morir, permaneciera sentado y erguido. Ya había muerto cuando un cuervo se posó en su hombro y llamó para informar a los demás soldados de su muerte. Nadie podía creer que el gran Cú Chulainn se hubiera ido.

La Morrigan es conocida como una diosa triple. Algunos eruditos y el folclore la describen como tres hermanas conocidas como «Las tres Mórrígna». Las tres hermanas se llaman Badb, Macha y la Morrigan, a la que a veces se denomina Anand o Nemain.

En Newgrange, Irlanda, hay una gran tumba-santuario megalítica que posiblemente perteneció a las Morrigan. La tumba gira en torno al número tres, que, como hemos comentado, es un número importante en la mitología celta y también representa la condición de diosa triple de la Morrigan.

La construcción del yacimiento de Newgrange comenzó entre el 3200 y el 3000 a. e. c. y no se terminó hasta el 2000 a. e. c. Es anterior a las pirámides de Guiza y Stonehenge en unos quinientos años. El yacimiento de Newgrange contiene una caja de luz donde inciden los primeros rayos del sol el 21 de diciembre, el solsticio de invierno, y recorren el camino que conduce a la cámara funeraria central. Toda la cámara funeraria queda iluminada por esta luz durante varios momentos, incluida una gran espiral triple.

En el interior de la tumba hay tres celdas de piedra. Hay tres pilas de piedra con tallas de espirales triplicadas de serpientes. La Morrigan está representada por el chevrón, la *V* invertida, que es el elemento tierra. La Morrigan se considera la fuente del triple poder. Es necesaria para llevar a alguien del nacimiento a la muerte y de la muerte a la vida. Las figurillas representan el cuerpo femenino como el paso a la vida, con semillas brotando y vulvas como representación.

Figuras como la Morrigan representan a menudo canales para el control de la tierra, el poder y la fertilidad en la mitología irlandesa. La Morrigan tiene muchos vínculos con el paisaje de Irlanda, como se señala en las *dindshenchas*, que cuentan cómo los lugares de Irlanda se ganaron su nombre.

¿Ha leído alguna vez la obra de Shakespeare *Macbeth*? En la escena inicial, hay tres viejas brujas sentadas alrededor de un fuego, agitando un caldero y creando un hechizo que traerá la muerte y el dolor a los personajes de la obra. Se sabía que la Morrigan y sus hermanas se transformaban en viejas brujas, y esta era claramente una representación de la Morrigan como diosa triple en *Macbeth*. La escena se desarrolla como sigue:

ACTO I

ESCENA I. Un lugar desierto.

Truenos y relámpagos Entran tres brujas.

Primera bruja

¿Cuándo volveremos a vernos las tres,

con truenos, relámpagos o lluvia?

Segunda bruja

Cuando acaben las prisas,

cuando la batalla está perdida y ganada.

Tercera bruja

Eso será antes de que se ponga el sol.

Primera bruja

¿Dónde está el lugar?

Segunda bruja

Sobre el brezal.

Tercera bruja

Allí para reunirse con Macbeth.

TODOS

Lo justo es lo injusto y lo injusto es lo justo:

Sobrevuele la niebla y el aire sucio.

¿Puede ver las claras referencias a la diosa triple, la Morrigan, en este pasaje inicial? Incluso se menciona el campo de batalla y el vuelo a través de la niebla y el aire sucio.

Si examina otras historias populares, es posible que encuentre referencias y personajes basados en la Morrigan si busca con atención. La Morrigan ha aparecido en Marvel Comics. También es un personaje de videojuegos, tanto en *Darkstalkers* como en la serie *Dragon Age*.

Capítulo 9: La *banshee*

Una ilustración de la *banshee*[8]

¿Sabe lo que es la *banshee*?

Muchos conocemos a esta criatura mitológica simplemente como algo terrorífico que chilla. A menudo, la *banshee* se asocia con el mal por su relación con la muerte, pero en la mitología irlandesa, la *banshee* no siempre es mala. De hecho, la verdadera leyenda y mitología de la *banshee* se ha malinterpretado en gran medida.

La Morrigan y la *banshee* comparten cualidades similares y a menudo se confunden. Ambas pueden cambiar de forma, y con frecuencia se transforman en cuervo. Predicen la muerte y a menudo se las ve en el escenario de una batalla. Ambas han sido vistas bajo la apariencia de una anciana, lavando la ropa de una persona que estaba a punto de morir sobre una piedra en el río. En el folclore, al igual que la Morrigan, la *banshee* también tenía la misión de recoger y guiar a las almas. Tanto la Morrigan como la *banshee* son similares al *Grim Reaper* (la Muerte), muy conocido en Estados Unidos como un ser que aparece en el momento de la muerte para recoger almas.

Sin embargo, la *banshee* se ve más a menudo como un espíritu que se lamenta por una muerte inminente durante la noche, algo que no hace la Morrigan. La *banshee* también se asocia con el duelo por una familia que conoce, mientras que la Morrigan no es específico de un linaje familiar.

Muchos historiadores creen que es posible que la Morrigan y la *banshee* se solapen. La *banshee* puede haberse inspirado en la Morrigan en algún momento de la historia antigua. El encanto del mito celta es precisamente este: hay muchas formas de establecer conexiones entre las historias y los personajes, pero siempre queda bastante ambigüedad para mantenernos adivinando.

¿Le gustaría conocer el folclore real sobre la banshee y no solo los rumores erróneos de la cultura pop?

Una *banshee* es un espíritu femenino que procede de los antiguos túmulos funerarios, conocidos como *sidhe*, donde moran las hadas. La *banshee* se considera un tipo de hada, conocida como un presagio de muerte que seguiría a ciertas antiguas familias irlandesas a lo largo de su linaje durante años y años. La *banshee* aparecía antes de que un miembro de la familia muriera, llorando tristemente. No era malévola, sino que se pensaba que era una amiga de la familia que estaba realmente triste porque alguien de la familia iba a morir.

La tradición de las mujeres gimiendo o llorando como una *banshee* se convirtió en parte de los funerales escoceses e irlandeses.

Según la leyenda, las seis antiguas familias de Irlanda tenían cada una su propia *banshee*, o espíritu femenino, que actuaba como presagio de muerte para la familia. Los nombres de las familias eran los O'Neills, O'Donnells, O'Connors, O'Learys, O'Tools y los O'Connaghs.

Algunos creen que las *banshee*s son criaturas parecidas a las aves. A menudo se las veía posadas en el alféizar de una ventana como un pájaro, esperando durante días hasta que llegaba la muerte. Cuando la *banshee* abandonaba la escena, huyendo en la oscuridad, muchas personas describían haber oído un ruido de aleteo, lo que se sumaba a la idea de que las *banshee*s tenían cualidades similares a las de las aves.

Solía aparecer como una joven doncella, una matrona señorial o una terrible vieja bruja. Esto parece corresponder a la Morrigan como diosa triple, aunque la *banshee* no era una diosa. Normalmente, la *banshee* vestía la ropa de una mujer de campo, a menudo blanca, pero ocasionalmente marrón, roja, gris o verde. Los ojos de la *banshee* estaban siempre rojos e hinchados debido a su llanto constante.

La *banshee* tiene el pelo largo y rubio, casi blanco. Se la ha visto sentada y peinándose mientras ulula. Si alguna vez ve un peine en el suelo en Irlanda, nunca debe recogerlo. Podría haber sido colocado allí por una *banshee* para atraer a los humanos desprevenidos. Si recoge el peine, podría aparecer una *banshee* y enviarlo con hechizos muy lejos, fuera del plano humano.

Algunos dicen que se trata de una confusión con los mitos irlandeses de las sirenas, ya que tanto las sirenas como las *banshee*s se asocian con el agua, el pelo largo, las peinetas y con atraer a humanos crédulos.

Las *banshee*s también pueden encontrarse ululando en la naturaleza. Aparecen en lugares boscosos, rocas y ríos. En Irlanda, hay unas famosas rocas en forma de cuña conocidas como «sillas de la *banshee*». Se encuentran en Waterford, Monaghan y Carlow.

¿Ha visto alguna vez una flor de dedalera? La dedalera es extremadamente venenosa; incluso su polen puede provocar una reacción nociva en algunas personas. También apodada dedal de hadas, la dedalera se considera una flor del *sidhe* y se atribuye a la *banshee*. En irlandés, la dedalera se llama *lus na mban sidhe*, que se traduce como «la planta de la *banshee*».

Si una persona vivía una vida egoísta y pecaminosa de decadencia o cometía actos crueles, se creía que la *banshee* la mantendría cerca de la tierra para que sufriera su castigo en la otra vida, en lugar de permitirle abandonar el plano mortal. Si una persona era buena y amable en vida, su alma podía descansar en paz y felicidad durante toda la eternidad. La *banshee* se aseguraría de que esto sucediera.

El sonido que emite la *banshee* es diferente según el lugar y a quién se pregunte. En Leinster, el sonido de la *banshee* es un grito desgarrador que puede romper cristales. En Kerry, su grito agudo se describe como un canto agradable y grave. En Tyrone, la *banshee* emite un fuerte sonido como el de dos tablas al golpearse. En la isla de Rathlin, su sonido está entre el grito de un búho y el lamento de una mujer.

¿Sabía que puede capturar a una *banshee* y obligarla a dar información? El folclore dice que se la puede intimidar con la punta de una espada o herirla con hierro forjado en frío. También puede ser repelida por la sal.

La *banshee* tiene varios nombres en gaélico irlandés, como *banshie, bean si, bean sidhe* y *ban side*. Las dos palabras principales en gaélico son *bean* y *sídhe*, que se traduce como «hada femenina» o «mujer del Otro Mundo». En Munster y Connaught se la conoce como *bean chaointe,* que significa «una mujer pregonera».

Una de las historias más antiguas de *banshee* se encuentra en las *Memorias de lady Fanshawe* y en *La dama del lago* de sir Walter Scott.

La historia se desarrolla en el año 1642. Sir Richard y su esposa, lady Fanshawe, fueron a visitar a un amigo que vivía en el castillo de un barón. Por la noche, lady Fanshawe despertó por un grito desgarrador. Cuando abrió los ojos, vio un rostro femenino y la mitad de una figura femenina iluminados a la luz de la luna, que se cernían sobre la ventana. Lady Fanshawe se quedó mirando a la mujer durante lo que le pareció un largo rato. Finalmente, la aparición dio dos gritos y se desvaneció. A la mañana siguiente, lady Fanshawe contó su aterradora historia a su anfitrión. Este le dijo que había visto a una *banshee* porque esa misma noche uno de los miembros de su familia había muerto en el castillo.

Quizá el relato más famoso de una persona que oyó gemir a una *banshee* fue el del último rey supremo de Irlanda, Brian Boru. Según esta leyenda, la *banshee* apareció ante la familia de Boru. Gimoteó tres veces. (Recuerde que el número tres es importante para el pueblo celta). Esto predijo la muerte de Boru en la batalla. Al día siguiente, Brian Boru estaba rezando dentro de su tienda cuando fue asesinado de repente. Su familia supo de inmediato que habían experimentado una *banshee* la noche anterior, que venía a advertir de la muerte inminente del rey supremo.

Algunos dicen que las primeras *banshee*s datan del siglo VIII. Se contrataba a mujeres para ser *keeners* (pregoneras) en los funerales.

Estas mujeres aceptaban alcohol como forma de pago, lo que las convertía en pecadoras, y eran condenadas a vivir eternamente como *banshee*s.

Se cree que la *banshee* también forma parte de los Tuatha Dé Danann. Brigit, la diosa de los Tuatha Dé Danann de la fertilidad y la poesía que anuncia los meses de primavera y verano cada año a partir de Beltane, fue la primera en iniciar la tradición de llorar y gemir en una muerte y en el funeral. Sin embargo, sus gemidos no eran solo gritos y llantos. Era poético y estructurado, casi como una canción.

La práctica del *keening* comenzó con Brigit durante la segunda batalla de Moytura, también conocida como *Cath Tánaiste Maige Tuired*. La batalla tuvo lugar en las llanuras de Moytura entre los Tuatha Dé Danann y los fomorianos. Durante los combates, el hijo de Brigit murió trágicamente. Cuando Brigit descubrió su cuerpo en el campo de batalla, lanzó el grito más doloroso desde lo más profundo de su alma. Fue un grito poético y lastimero que se convirtió en una canción para honrar la muerte de su hijo.

Una historia de origen

Una posible historia del origen de la leyenda de la *banshee* es la siguiente.

En la orilla noreste de Lough Neagh se asentó durante muchos siglos un castillo. Su nombre original era Eden-duff-carrick. En 1607, el castillo fue restituido al clan O'Neill que lo poseía originalmente, tras lo cual pasó a denominarse castillo de Shane.

En uno de los muros de la torre hay una talla en piedra de una cabeza. Esta cabeza se conoce como la «cabeza negra de los O'Neill», o la «ceja negra en la roca». Se cree que la talla es más antigua que el propio castillo, y cuenta la leyenda que el linaje de los O'Neill llegará a su fin si la cabeza cae alguna vez del muro del castillo.

Por suerte, ¡la cabeza sobrevivió intacta en la pared cuando su *banshee* quemó su castillo!

Se dice que la *banshee* de los O'Neill fue creada como un acto de venganza por parte de las hadas. Uno de los antiguos O'Neill regresaba de una incursión cuando vio una vaca con los cuernos enredados en las ramas de un espino. El espino, cuando crece solo, es sagrado para las hadas. Si una vaca estaba enredada en uno de sus árboles, entonces esa vaca pertenecía ahora a las hadas.

Por desgracia para los O'Neill, su antepasado decidió liberar a la vaca enredada. Esto enfureció a las hadas. El hombre continuó su camino a casa. En aquella época, el castillo aún no se había construido, pero en su lugar se alzaba un edificio más antiguo, presumiblemente con la ceja negra sobre la roca. Cuando el hombre llegó a casa, encontró a su hija desaparecida. Para su consternación, se enteró de que las hadas se habían llevado a su hija al fondo del lago.

Las hadas permitieron que la niña regresara y dijera a su familia que estaba a salvo en el reino de las hadas. Sin embargo, después de eso, solo se le permitió regresar para alertar a la familia de una muerte mediante gemidos y lamentos.

Se cree que su nombre original en la historia era Maeve. La muerte de Maeve y luego su viaje forzado al Otro Mundo encajan perfectamente con el folclore que rodea a las hadas y a la *banshee*.

Esto contribuye a la leyenda de que una *banshee* es una mujer llena de paz a la que se encomienda velar por sus seres queridos y llorar sus muertes, aunque tienen la capacidad, que provoca ansiedad, de predecir una muerte antes de que ocurra.

El castillo continúa impregnado de tradición. Richard Nash, el arquitecto del palacio de Buckingham, estaba renovando el castillo cuando se declaró un incendio. El invernadero, que ya había sido renovado, sobrevivió al fuego. Lamentablemente, el bloque principal del castillo quedó completamente destruido.

Sin embargo, la cabeza de la familia O'Neill permaneció milagrosamente intacta y colgada en la pared de la torre.

Hoy en día, el público puede visitar este famoso castillo y recorrer los terrenos, incluida la tumba y las estatuas de la familia O'Neill. La *banshee* se ha oído durante los últimos siglos en Coile Ultagh, el bosque cercano al castillo. En la actualidad, gran parte de la zona se ha convertido en tierras de cultivo o urbanizaciones, pero aún queda algo del bosque original.

En la actualidad, podemos detectar a la *banshee* en la literatura si prestamos atención. Por ejemplo, en *Cumbres borrascosas*, de Emily Bronte, se dice que el personaje de Cathy puede gemir. Su llanto lastimero predice que alguien va a morir, lo que sirve para realzar el ambiente de la novela, dándole una sensación sombría y premonitoria. En *El retrato de Dorian Gray*, de Oscar Wilde, también aparece una especie de *banshee*. Se llama Sibyl Vane. Emite un lúgubre aullido de *banshee*, que presagia la muerte de su amor, Dorian Gray.

Aunque nadie conoce el verdadero origen de la *banshee*, un hecho importante permanece: la *banshee* nos da pistas fascinantes sobre la forma en que los celtas percibían la muerte y los rituales que la rodeaban. Es un mito atemporal que persiste inalterado, incluso frente a los intentos de la cultura pop moderna de convertir a la *banshee* en un personaje de terror.

Capítulo 10: El legado de la mitología irlandesa

La mitología irlandesa es mucho más que una colección de historias fantásticas del pasado antiguo. Ha desempeñado un papel importante en la formación de la cultura irlandesa, ha modelado el paisaje geográfico de Irlanda e incluso ha tocado la política del país. La tradición irlandesa está completamente enredada en cada aspecto de lo que significa ser irlandés.

Los mitos irlandeses originales formaban parte de la tradición oral transmitida a través de narradores y bardos ambulantes. Irónicamente, los primeros en poner por escrito estos queridos mitos fueron los monjes católicos que llegaron a Irlanda.

Quizá se pregunte por qué los monjes escribían las historias de los dioses paganos que eran tan importantes para el pueblo irlandés. Poner por escrito los mitos y leyendas, añadiendo al mismo tiempo retazos de catolicismo y monoteísmo a las historias, fue una de las formas en que los monjes incorporaron lentamente el cristianismo a la cultura irlandesa. Utilizaron a los dioses y diosas de Irlanda para allanar el camino a la introducción del cristianismo.

Lo vemos en relatos como los Hijos de Lir, cuando los niños esperaban oír sonar la campana de una iglesia al final de la historia, o en la versión posterior de la historia de amor de Oisín y Niamh, cuando Oisín fue llevado ante el famoso san Patricio tras caerse del caballo y convertirse en un anciano.

San Patricio es el santo patrón de la Irlanda actual. Su papel en la mitología irlandesa ha contribuido a tender un puente entre el politeísmo y el monoteísmo en la cultura irlandesa. En *Acallam na Senórach*, o *Cuentos de los ancianos de Irlanda*, escrito a finales del siglo XII, encontramos a san Patricio de viaje por Irlanda con Oisín y su sobrino, Caílte mac Rónáin. Oisín y su sobrino explican a san Patricio cada hito cultural, el significado de los nombres y la historia de cada lugar. Las conversaciones entre los tres hombres funden las antiguas costumbres de la Irlanda precristiana con la nueva moral y religión del cristianismo. Sin solución de continuidad, la mitología irlandesa se mezcló y dio paso al monoteísmo.

Algunos de los antiguos dioses y diosas fueron relegados a ser miembros de los *sidhe*, que viven bajo los túmulos, pero siguen siendo muy venerados y respetados en susurros por el pueblo irlandés. Otras, como Brigit, la diosa celta de la primavera, parecen haber pasado de diosa a santa católica. Los monjes necesitaban crear historias que resultaran familiares al pueblo irlandés, así nació santa Brígida. Nadie sabe si fue una persona real, ya que no hay más pruebas de su vida que las historias. La fiesta cristiana del día de su muerte y el día de celebración de Imbolc para la diosa Brigit son uno y el mismo, el 1 de febrero. La diosa Brigit sigue viva hoy en día como patrona de Irlanda, un vínculo eterno con el antiguo pasado precristiano de Irlanda.

Políticamente, Irlanda se ha enfrentado a una larga y ardua lucha por la independencia que comenzó en el siglo XVI, cuando la colonización inglesa destruyó la autonomía del país. Cuando el sistema de gobierno tradicional irlandés de reyes y reinos fue derribado y sustituido a la fuerza por una monarquía central británica, la cultura irlandesa cambió para siempre.

Una cosa permaneció fuerte en los corazones y las mentes del pueblo irlandés: su amor compartido por la historia antigua, sus mitos y su folclore. Su héroe Finn McCool y la eterna veneración por los *sidhe* nunca abandonaron el paisaje irlandés. Los héroes y los mitos irlandeses fueron el pegamento que mantuvo unida la cultura gaélica a lo largo de cientos de años de cambios drásticos y penurias.

Tras la Gran Hambruna de 1845, Irlanda se enfrentó a uno de sus momentos más difíciles. Muchos irlandeses habían abandonado el país, creando una diáspora irlandesa por todo el mundo. En algunos casos, familias enteras de Irlanda habían muerto de hambre. Las zonas tradicionales de habla gaélica del país se habían perdido casi por completo.

Durante la lucha por sobrevivir, la industrialización y las costumbres inglesas se apoderaron de Irlanda. A pesar de todo, algunos trozos de la tradición irlandesa permanecieron intactos, principalmente el respeto y el miedo a las hadas. El paisaje aún contenía recuerdos geográficos del pasado pagano de Irlanda. Lugares como la Calzada del Gigante o los túmulos de hadas repartidos por todo el país ataban a la gente a su cultura gaélica, sin dejarles olvidar nunca quiénes eran ni de dónde venían sus antepasados.

A finales del siglo XIX y principios del XX, Irlanda comenzó a experimentar un renacimiento de la cultura gaélica. Hubo un renovado interés por los mitos irlandeses, el arte, la música y la lengua gaélica. El movimiento, dulcemente apodado Renacimiento Céltico, estaba estrechamente alineado con el movimiento nacionalista irlandés. En 1893, se formó la Liga Gaélica para centrarse en la reactivación de la lengua y la cultura irlandesas.

Foto de W. B. Yeats[9]

La obra del poeta y dramaturgo William Butler Yeats es posiblemente uno de los ejemplos más conocidos de la antigua cultura irlandesa revivida y renovada para las generaciones de los siglos XIX y XX. En sus escritos aparecían famosos héroes irlandeses, entre ellos Oisín. Sus poemas se basaban en gran medida en los mitos irlandeses y en el paisaje irlandés, reintroduciendo a los lectores en el misterioso mundo de las hadas y recordando a todos la belleza intemporal y la historia única de Irlanda.

Yeats ayudó a fundar el Teatro Abbey, que fue el primer teatro nacional irlandés. Mientras Yeats y otros poetas compartían sus escritos basados en la cultura irlandesa, ocurrió algo singularmente irlandés. Las historias de héroes, dioses, diosas y el orgullo cultural asociado inspiraron a los hombres a unir sus fuerzas y formar un grupo nacionalista irlandés que deseaba derrocar el dominio británico.

Esto dio lugar a una hermandad secreta, llamada Hermandad Republicana Irlandesa (IRB, por sus siglas en inglés), que planeó uno de los acontecimientos más significativos de toda la historia de Irlanda: El Alzamiento de Pascua de 1916.

El consejo militar del IRB se procuró armas e hizo planes para contraatacar a los británicos. El 24 de abril de 1916, Padraig Pearse leyó en voz alta la Proclamación de la República Irlandesa frente a la Oficina General de Correos (GPO) de Dublín. En total, mil miembros del IRB ocuparon la GPO y otros cinco edificios de los alrededores de Dublín.

Esto desencadenó una batalla entre irlandeses y británicos que duró varios días. Los británicos solo contaban con fuerzas que sumaban cuatrocientos hombres al comienzo de la lucha. Para el 28 de abril, los británicos habían aportado diecinueve mil soldados.

El 29 de abril de 1916, los rebeldes irlandeses se rindieron para evitar un mayor derramamiento de sangre. Los líderes del Alzamiento de Pascua fueron ejecutados, incluidos varios poetas irlandeses que desempeñaron un papel en la inspiración del movimiento nacionalista irlandés.

Entre ellos se encontraba Patrick Pearse, escritor bilingüe, profesor y primer presidente del Gobierno Provisional de la República Irlandesa. Fundó la Sociedad Literaria Nueva Irlanda, que desempeñó un papel en el nacionalismo que alimentó el Alzamiento de Pascua al difundir el folclore, la poesía y la literatura irlandeses.

Podemos ver claramente lo estrechamente ligados que están los mitos, la lengua y la cultura irlandeses a toda la historia de Irlanda, incluso al trágico e infame Alzamiento de Pascua de 1916. Sin la mitología irlandesa, ¿se habría mantenido unida Irlanda frente a cientos de años de dominio británico?

En un tono más ligero, la mitología irlandesa también ha dado forma a la televisión y los cómics occidentales, apareciendo en lugares que quizá no reconozcamos. Por ejemplo, *Conan el Bárbaro* está basado en Conán mac Morna, miembro del *fianna* y personaje frecuente en las historias protagonizadas por Finn McCool.

Arnold Schwarzenegger interpretó a Conan el Bárbaro en sus películas de 1982 y 1984, convirtiendo a Conan el Bárbaro en un nombre muy conocido en Estados Unidos.

Marvel Comics presentó a Conan el Bárbaro a los lectores en su primer número de *Relatos Salvajes*. A partir de ahí, la mitología irlandesa siguió apareciendo en los cómics Marvel, incluso en *The Mighty Thor*, cuando los Tuatha Dé Danann hicieron su aparición como una fuerza a tener en cuenta. En una parte de la serie, Thor incluso une fuerzas con Dagda para derrotar a un enemigo.

En la serie de cómics *Hellboy* aparece el príncipe Nuada. ¿Le suena? En la mitología irlandesa, el rey Nuada pierde su brazo y se lo sustituyen por un miembro biónico totalmente funcional.

La siempre popular serie *Juego de Tronos* presenta en gran medida ideas y conceptos de personajes procedentes de la mitología irlandesa, aunque es probable que la mayoría de los lectores desconozcan estos vínculos. Bran Stark toma su nombre del cuervo, que a menudo se relaciona con el nombre «Bran» en la mitología celta. Bran Stark se transforma más tarde en el cuervo celta de tres ojos.

Por supuesto, no podríamos terminar de hablar de la cultura irlandesa actual sin mencionar la música atemporal de Irlanda. El género de la música irlandesa tiene múltiples ramas, todas ellas relacionadas con la historia de la antigua Irlanda. En particular, ha habido muchas canciones modernas, incluidas canciones de rock, basadas en mitos irlandeses como Los hijos de Lir o El cuento de Cú Chulainn.

La mitología irlandesa es el latido del corazón de Irlanda. Es el pulso del que depende toda Irlanda, desde el pasado hasta el presente, que sigue latiendo con fuerza, incluso a través de tantos cambios de modernización y estilo de vida.

Conclusión

A lo largo de este libro hemos tratado los cuatro ciclos de la mitología irlandesa: el Ciclo mitológico, el Ciclo del Ulster, el Ciclo Feniano y el Ciclo del Rey. Cada uno de estos ciclos contiene mitos y leyendas intemporales que han moldeado para siempre las artes, la política, la cultura y la gente de Irlanda hasta convertirlos en lo que son hoy. A través de la mitología irlandesa, hemos conocido a la formidable Morrigan, a la incomprendida *banshee*, al épico héroe irlandés Finn McCool y a muchos otros personajes secundarios a lo largo del camino.

Más que historias antiguas, los mitos y leyendas irlandeses permanecen vivos. Podemos encontrar a estos dioses y diosas influyendo en las fiestas, el arte, la música, la literatura e incluso afectando fuertemente a la política irlandesa en los últimos años.

A través de los capítulos de este libro, podrá ver cómo el folclore irlandés es una cadena de eslabones que conecta continuamente a la gente del presente con el pasado. Las generaciones se mantienen unidas con estos eslabones por un conjunto de creencias compartidas: la fe en los grandes héroes y el respeto por el reino de las hadas.

¿Qué importancia tiene para los irlandeses el hecho de seguir conservando sus tesoros culturales? Es vital para su supervivencia como cultura porque sus mitos y leyendas les ofrecen una ventana a su antiguo pasado, así como un espejo para ver el presente.

Imagine una Irlanda sin las hadas y sin la influencia de nuestro héroe Finn y sus guerreros los *fiannas*. ¿Habría algo en Irlanda que fuera igual sin la mitología irlandesa?

Quizá uno de los aspectos más mágicos del folclore irlandés sea su capacidad para seguir creciendo, cambiando y evolucionando en lugar de extinguirse con el paso del tiempo. A pesar de que la mitología escrita está fácilmente disponible, siempre se están contando nuevas historias de encuentros con *banshee*s o magia de hadas, mezclando lo antiguo con lo nuevo y creando capas más diversas que añadir al canon de la mitología irlandesa. Como dijo el erudito y escritor Diarmuid Ó Giolláin: «Siempre aparecen nuevas versiones de cosas antiguas»[1].

---

[1] Ó Giolláin, Diarmuid. *Locating Irish Folklore: Tradition, Modernity, Identity*. Cork: Cork University Press, 2000.

Vea más libros escritos por Enthralling History

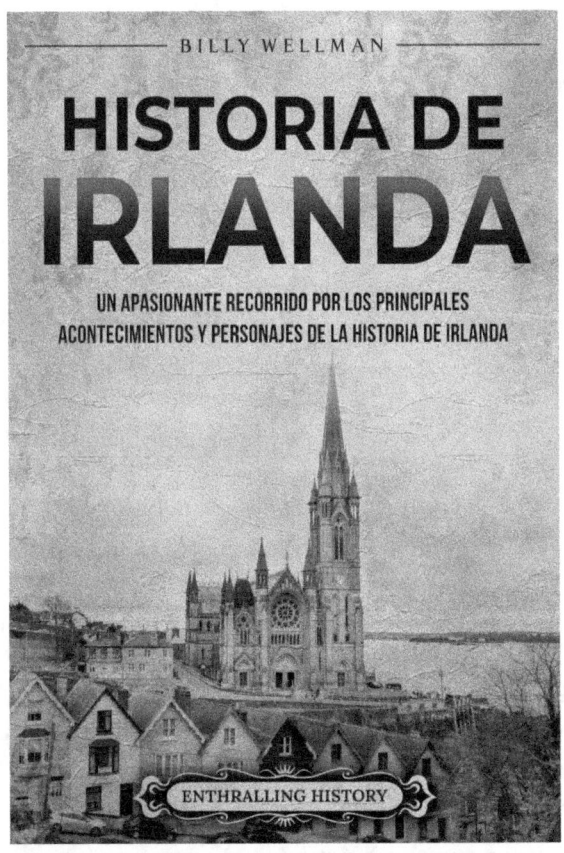

Bibliografía

Atkins, Ruth. For Fear of Little Men- Podcast Script. https://unrealpodcast.com/for-fear-of-little-men-podcast-script/. 2024

Brehon Academy (2020). Aengus Og: The Irish God of Love. https://brehonacademy.org/aengus-og-the-irish-god-of-love/. 2024

Brehon Academy (2023). Heroic Biography: Finn McCool - A Giant of Irish Folklore and Tradition. https://brehonacademy.org/heroic-biography-finn-mccool-a-giant-of-irish-folklore-and-tradition/. 2024

Brehon Academy (2020). The Dream of Aengus (Aisling Oengus). https://brehonacademy.org/the-dream-of-angus-aisling-aengus/. 2024

Clark, Rosalind (1990). The Great Queens: Irish Goddesses from the Morrigan to Cathleen Ni Houlihan. Irish Literary Studies. 2024

Connolly, Ciaran. Incredible History of the Tuatha de Danann: Ireland's Most Ancient Race (2024). https://www.connollycove.com/tuatha-de-danann/#the-theory-of-the-cave-fairies. 2024

Connolly, Ciaran (2024). The Fascinating Legends of Finn McCool and the Isle of Man. https://www.connollycove.com/legend-finn-mccool-isle-man/. 2024

ConnollyCove (2023). Beware the Wail of the Banshee - This Irish Fairy Isn't as Scary as You Think. https://www.connollycove.com/banshee/. 2024

ConnollyCove (2024). The Children of Lir: A Fascinating Irish Legend. https://www.connollycove.com/children-of-lir/. 2024

Croker, Thomas Crofton (1828). The Merrow Fairy Legends and Traditions of the South of Ireland. Vol. Parte II. 2024

Cuerbo, Maria J Perez (2018). The Bizarre Death of Bridget Cleary, The Irish Fairy Wife

Gulermovich Epstein, Angelique (1998). War Goddess: The Morrigan and Her Germano-Celtic Counterparts. 2024

Ireland Information (1998-2007). Aine the Goddess Who Took Revenge on a King. https://www.ireland-information.com/irish-mythology/aine-irish-legend.html. 2024

Irish Padan School Admin. The Sidhe - Irish Fairy Folklore (2022). https://irishpagan.school/sidhe-irish-fairy-folklore/. 2024

Kinsella, Thomas. 1969. How the Tain Bo Cuailnge Was Found Again, The Tain. 2024

McGrath, Stuart (2023). 1916 Rising: 1916 Rising: Facts, figures & Infographic. https://www.claddaghrings.com/1916-infographic/. 2024

Monstropedia (2011). Banshee. https://www.monstropedia.org/index.php?title=Banshee. 2024

O'Connell, H. & Doyle, P.G. (2006). The Burning of Cleary: Psychiatric Aspects of a Tragic Tale. Irish Journal of Medical Science. 2024

Ó Giolláin, Diarmuid (2000). Locating Irish Folklore: Tradition, Modernity, Identity. Cork: Cork University Press. 2024

Ross, Anne (1967). Pagan Celtic Britain: Studies in Iconography. 2024

Schirmer, Melissa (2014). The Irish Literary Revival. https://libapps.libraries.uc.edu/exhibits/irish-lit/sample-page/. 2024

ShanOre Irish Jewelry. Triskele: Unveiling this Enigmatic Celtic Symbol: An Ancient Celtic Symbol of Life, Death, and Rebirth (2023). https://www.shanore.com/blog/triskele-meaning/#:~:text=The%20number%20three%20held%20special,heaven%2C%20earth%2C%20and%20purgatory. 2024

Wright, Gregory. Cailleach (2022). https://mythopedia.com/topics/cailleach. 2024

Fuentes de imágenes

[1] https://commons.wikimedia.org/wiki/File:Celtic-knot-basic-linear.svg

[2] *Internet Archive Book Images, Sin restricciones, vía Wikimedia Commons;* https://commons.wikimedia.org/wiki/File:Myths_and_legends;_the_Celtic_race_(1910)_(14596737390).jpg

[3] *© O'Dea en Wikimedia Commons, CC BY-SA 4.0, CC BY-SA 4.0* <https://creativecommons.org/licenses/by-sa/4.0>*, vía Wikimedia Commons;* https://commons.wikimedia.org/wiki/File:trisquel_pattern_on_orthostat_C10_at_Newgrange.jpg

[4] https://commons.wikimedia.org/wiki/File:Goble-Book_of_Fairy_Poetry024Lupracaun_or_Fairy_Shoemaker.jpg)

[5] *Andreas F. Borchert, CC BY-SA 3.0 DE* <https://creativecommons.org/licenses/by-sa/3.0/de/deed.en>*, vía Wikimedia Commons;* https://commons.wikimedia.org/wiki/File:Clonfert_Cathedral_Mermaid_2009_09_17.jpg

[6] https://commons.wikimedia.org/wiki/File:Ler_swans_Millar.jpg

[7] *Internet Archive Book Images, Sin restricciones, vía Wikimedia Commons;* https://commons.wikimedia.org/wiki/File:Heroes_of_the_dawn_(1914)_(14566385007).jpg

[8] https://commons.wikimedia.org/wiki/File:Banshee.jpg

[9] https://commons.wikimedia.org/wiki/File:WB_Yeats_nd.jpg

www.ingramcontent.com/pod-product-compliance
Lightning Source LLC
Chambersburg PA
CBHW070340010526
44107CB00004B/569